AF417948

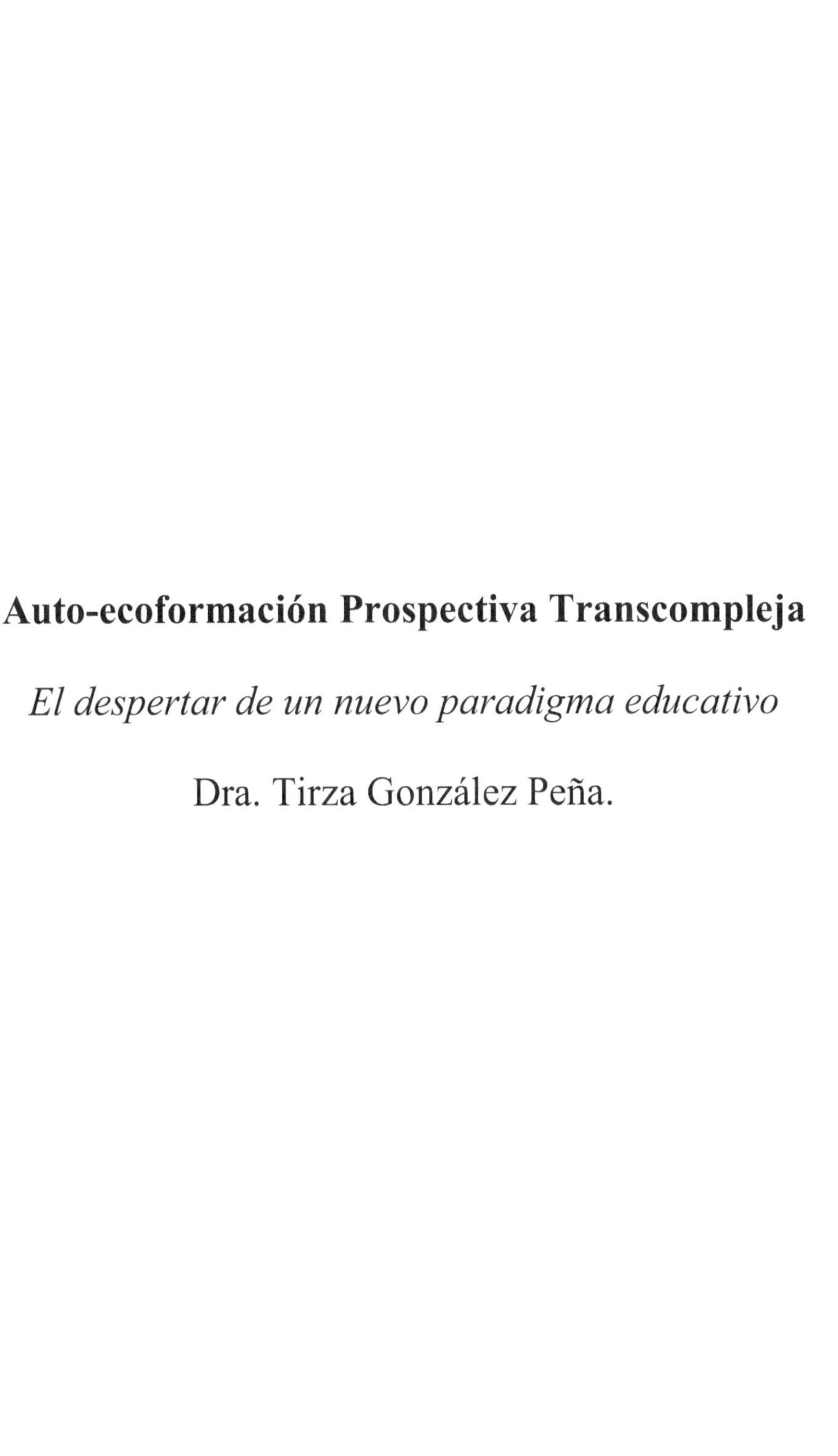

# Auto-ecoformación Prospectiva Transcompleja

*El despertar de un nuevo paradigma educativo*

Dra. Tirza González Peña.

# ÍNDICE

# Prólogo

Siempre que leemos un libro buscamos dos cosas primero conseguir algo novedoso que nos aporte nuevas ideas y segundo información que contribuya a enriquecer conocimiento en las cosas que nos interesan, en primer lugar, en las próximas páginas les quiero plasmar el resultado de una novedosa investigación realizada durante cinco años con la participación y colaboración de autoridades universitarias, profesores y estudiantes.

Con relación a lo segundo, como aporte para los investigadores les expondré el resultado del manejo de metodologías de investigación que van desde lo fenomenológico a lo transcomplejo pasando por una visión compleja de la situación lo que en realidad fue la base del trabajo que dio como resultado una aproximación teórica educativa desarrollada a través de cuatro momentos denominados Visualizando la Realidad, Buscando la Profundización de los Saberes, Siguiendo un Camino para lograr las respuestas y Construyendo la Teoría.

El despertar de este nuevo paradigma educativo lo denomine Autoecoformación Prospectiva Transcompleja, la aproximación teórica fue presentada y aprobada como tesis doctoral con mención honorífica, en la Universidad Rómulo Gallego.

# INTRODUCCIÓN

En los últimos años del siglo XX acontecieron importantes manifiestos  con referencia a la educación, el 6 de noviembre de 1994 se promulgó la carta de la transdisciplinariedad, la que desde su preámbulo plantea aspectos como el crecimiento exponencial del saber que imposibilita la mirada global del ser humano, el desafío contemporáneo de la autodestrucción, la ruptura contemporánea entre un saber cada vez más acumulativo y un ser interior cada vez más empobrecido, al respecto Morin (2002) en su obra La cabeza Bien Puesta, hace planteamientos cruciales sobre la necesidad de no acumular el saber, si no la significancia de disponer de una aptitud general para plantear y analizar los problemas así como los principios organizadores que permiten vincular los saberes y darle sentido.

La carta también menciona la desigualdad creciente entre pueblos y naciones que generan los saberes, pero finaliza con una esperanza positiva ante los problemas que aquejan a la humanidad.

Otro evento resaltante es el informe dirigido a la Organización de las Naciones Unidas para la Educación, la Ciencia y la Cultura (UNESCO), por parte de la Comisión Internacional sobre la Educación para el siglo XXI denominado "La Educación Encierra un Tesoro" como aspecto sobresaliente también podemos mencionar la formulación de "Los Cuatro Pilares de la Educación" y la "Educación a lo largo de toda la Vida"

Estos y otros pensamientos en materia educativa han generado en las naciones inspiración para la creación de políticas educativas, se puede decir que son el norte para seguir en la búsqueda de un ser humano integral, ciudadano solidario, responsable y consciente de su rol protagónico como conservador del ambiente y la especie humana a través del desarrollo sustentable.

En este orden de ideas quiero promover una reflexión sobre la importancia de la auto-ecoformación desde el pensamiento complejo, considerando la multidimensional del contexto universitario.

Para lograr esto, les expongo la revisión de teorías y referencias, tomando una postura epistémica que responde al pensamiento complejo, con la ayuda de la complementariedad de momentos cuantitativos y cualitativos que recogen las informaciones de los actores educativos involucrados, para posteriormente con los registros y análisis de las informaciones a través de categorización, triangulación de fuentes y sistematización llegar al análisis de semejanzas y diferencias.

Para concluir se presenta la aproximación teórica resultante de la oralidad con los actores universitarios, estudiantes y docentes que hacen vida en la universidad la cual lleva como nombre Auto-ecoformación Prospectiva Transcompleja, proyectando una nueva mirada sobre la generación del conocimiento y las prácticas formativas en materia educativa, no quise culminar este transitar sin exponer unas reflexiones finales fundamentadas en la exploración fraguada de los momentos anteriores.

# MOMENTO I

## VISUALIZANDO LA REALIDAD

*"La mente es como un paracaídas… Solo funciona si la tenemos abierta".*
**Albert Einstein**

# MOMENTO I
## VISUALIZANDO LA REALIDAD

A lo largo de los años, mucho se ha hablado acerca del papel esencial que debe cumplir la educación en la construcción del conocimiento, en medio de una sociedad contemporánea sumamente exigente. Dentro de esta perspectiva, se sabe que la Educación Universitaria está cada vez más decidida a desarrollar una alta capacidad para producir los recursos necesarios que conlleven a la formación de un sujeto de alto nivel, capaz de proporcionar los conocimientos requeridos para el funcionamiento de economías más abiertas, complejas, competitivas e integradas en el mundo.

Hablar en la actualidad de educación universitaria en el mundo es un tema que esta indiscutiblemente relacionado con la sociedad del conocimiento y la influencia de la globalización, esto constituye un desafío permanente que exige respuestas inmediatas, donde la universidad desempeña un rol estratégico en el cual están reflejadas las dimensiones internacionales, regionales, nacionales tanto en la docencia como en la investigación.

Los tiempos actuales requieren de una educación que ha de considerar y fortalecer la capacidad de análisis crítico, anticipando la visión prospectiva con el fin de proponer soluciones de desarrollo y enfrentar problemáticas a largo plazo que surgen de una realidad continua y de rápida transformación. En otro orden de ideas, y en el marco de los lineamientos formulados por la UNESCO (2008), no pueden los universitarios de hoy, entregarles a las generaciones futuras, a la sociedad del futuro, una universidad en el estado crítico en que se encuentra.

Se tiene el deber impostergable de transformarla hoy, más sobre todo si están los conocimientos y el personal para ello. Construir una nueva Universidad sería, contribuir a la creación de una sociedad planetaria más digna de ser vivida, por los seres humanos y todos los demás seres de la naturaleza que nacen y conviven con el hombre. No hacerlo hoy, mañana podría ser demasiado tarde.

La UNESCO, en la declaración mundial sobre la Educación Superior en el siglo XXI: Visión, Acción y marco de acción prioritaria para el cambio y el desarrollo de la Educación Superior, reunidos sus miembros en París en el año 2008, señala que hay una tendencia de la Educación Superior caracterizada por tres indicadores, en primer lugar, su expansión cuantitativa, en segundo lugar, la diversificación de las estructuras y en tercer lugar, las restricciones financieras, donde propone tres principios básicos como puntos de honor para la transformación de las estructuras universitarias.

Estos principios son la pertinencia, la calidad y la internacionalización de la Educación Superior. Dentro de la pertinencia hablan de la equidad social.

En la Conferencia Mundial para la Educación Superior (UNESCO, 2009), realizada en París, se expresó lo siguiente:

> *"La educación superior y la investigación contribuyen a la erradicación de la pobreza, al desarrollo sustentable y al progreso, en el alcance de las metas de desarrollo consensuadas en el ámbito internacional, tales como los objetivos de Desarrollo del Milenio y Educación para Todos. La agenda educativa global debería reflejar estos resultados."*

En estos tiempos donde lo único seguro es la incertidumbre, el papel que la universidad cumple, debe estar enmarcado dentro del análisis de lo expresado en la cita anterior y ser producto constante de las nuevas tendencias sociales, culturales, económicas, políticas, así como la difusión y defensa de los valores universalmente aceptados.

El organismo antes mencionado, en sus diferentes convenciones donde se ha tratado la problemática universitaria, reconoce el financiamiento limitado como uno de los problemas presentes en la crisis de la universidad latinoamericana, proponen elaborar políticas alternas de financiamiento, mejorar la gestión y así solventar este tipo de problema.

Están de acuerdo con la relación entre Estado, Sociedad y Educación, pero bajo el principio de la autonomía universitaria, la libertad de cátedra, y la libertad de pensamiento. La sociedad y el modo de intercambio de sus miembros que implica modos de producción, desarrollo tecnológico y del conocimiento, busca responder ¿de qué manera se debe conocer la realidad? Entre otros aspectos, proveen de un programa sobre el que está permitido percibir, codificar y en el extremo hasta qué hacer y cómo ser en el mundo. A lo largo de los años, mucho se ha hablado acerca del papel esencial que debe cumplir la educación en la construcción del conocimiento en medio de una sociedad contemporánea sumamente exigente.

En el caso latinoamericano, la universidad se encuentra sometida a grandes desafíos, le corresponde adecuarse a una nueva realidad, que la obliga a ubicarse en un contexto histórico diferente, de lo contrario no podrá mejorar y diversificar sus estructuras, condición necesaria para lograr la equidad y calidad de su misión.

Hasta hace poco se podían entender los problemas locales o regionales como únicos, que incidían en la actuación del hombre en general, en este ámbito las universidades se reducían a la atención de estos problemas, siempre girando sobre los mismos, en una especie de estado parroquiano, perdiendo la perspectiva mundial. Ya hoy eso no es posible, porque la sociedad universitaria forma parte de la aldea mundial, que convoca a todos a participar del destino del mundo.

En esta aldea globalizada cada día más, gracias a los sistemas de información y comunicación que permiten las interrelaciones, favorecen la comunicación, y la extensión de todo tipo de redes para abordar los problemas a nivel mundial, eso sin descuidar la necesidad de la regionalización donde las comunidades deben luchar por su posición, para no desaparecer en el contexto global. Esta visión de la realidad debe entrar como componente estructurador de la nueva universidad.

Ahora bien, desde el punto de vista de lo que es el hombre, hoy en día consciente de que el mismo, ha pasado, de ser considerado como un factor de la máquina del mercado, de la industria o del aparato productivo, a un elemento clave y central de la sociedad, en este contexto, propio de la modernidad y del pensamiento simplista y reduccionista.

La universidad se volcó a formar profesionales desde el punto de vista de los requerimientos técnicos, científicos y profesionales que necesitaba dicha máquina y se descuidaron los elementos axiológicos, los valores, así como el ambiente para el desarrollo del ser humano universitario integral, los cuales deben ser considerados, ahora en esta nueva etapa del quehacer de la universidad, debido a que la falta de ello ha creado una crisis, no solo es necesario formar profesionales, además es vital no perder la visión de que estos serán los hombres y mujeres nuevos que necesita  América Latina, y el mundo.

En este sentido los gobiernos han logrado significativos avances en la diversidad de la oferta educativa y en la inclusión de todas las clases sociales. Esto representa un salto gigantesco en todos los planos de formación, donde más ciudadanos están teniendo la posibilidad de tener acceso al conocimiento, la ciencia y la cultura.

De estos que pasan a formar parte del sistema, saldrán los profesionales que serán los que liderarán el país hacia el progreso y bienestar social. Ellos son la razón de ser del proceso educativo, en la medida que se van formando se convierten en generadores de conocimiento, por lo tanto, es necesario evaluar periódicamente las características, vivencias, experiencias, formas y modos de aprender, esto para formar ciudadanos con excelencia académica que contribuyan con el logro que la sociedad se ha propuesto.

Hablar de educación universitaria está ligado al interés por el futuro es por lo general tema de discusión en todos los ámbitos de la sociedad. Las acciones que se realicen producto de las políticas educativas de hoy, serán la base del porvenir de la naciones, sin embargo esto no es suficiente para alcanzar el éxito: para lograr este objetivo es importante visualizar que  aspectos influyen en la formación profesional de los estudiantes que asisten a las universidades en la actualidad, los que serán los profesionales del futuro, en el marco de una sociedad actual donde los jóvenes viven en un modelo basado en no renunciar a nada, vivir sin complicarse la vida y muchas veces esquivar el esfuerzo por el placer inmediato.

Es importante destacar que el aprendizaje universitario es un sistema en el cual existe la integración, interrelación e interacción de aspectos multidimensionales, que pueden favorecer o inhibir el aprendizaje, donde además influyen diversos factores inmersos a su vez en varias dimensiones, dentro de los que se pueden visualizar, al estudiante como ser humano, al docente, el contexto y el ambiente de aprendizaje.

En el cual intervienen elementos inseparables como los componentes intrínsecos del estudiante, es decir la percepción, el cerebro total, los estilos de pensamiento, los sistemas de aprendizaje del cerebro total, las inteligencias múltiples de aprendizaje, y la memoria, estos a su vez son interdependientes con los elementos extrínsecos tales como, el conocimiento de la disciplina objeto de aprendizaje, el docente, las estrategias, los medios didácticos, el contexto y el medio de aprendizaje.

Adicionalmente a todo esto es necesario incluir además elementos externos al estudiante que afectan su aprendizaje como lo conceptual y metodológico de los contenidos, situaciones de aprendizaje, medios didácticos, prácticas discursivas propias de las disciplinas, el discurso del docente, la interacción social, el contexto social, ambiente de aprendizaje del aula, entre otros.

Los estudiantes universitarios sienten y perciben su formación afectados por circunstancias diversas, que se ven reflejadas en la forma como distinguen todos los elementos que intervienen en el proceso de aprendizaje, tales como: la disposición para atender, la forma de memorización que es normalmente a corto plazo, poco sentido de la conciencia de su propio aprendizaje y de su rol social, desmotivación, disminución del interés por los estudios en los educandos, lo que se ve reflejado en los alcances, sus razonamientos son desde el punto de vista de los afectos y no del juicio objetivo de las cosas, hacen uso de un lenguaje muy deficitario, además existe poco compromiso en la resolución de los problemas educativos o de cualquier índole.

Aunado a lo anterior tenemos las deficiencias en conocimientos previos que arrastran de su formación preuniversitaria, que se requieren para aprobar las asignaturas de las diferentes especialidades y el hecho de que muchas veces se cursa la carrera, pero la misma no se corresponde con la vocación profesional.

De igual manera están los docentes que en muchas oportunidades trabajan con planificaciones,  evaluaciones o estrategias poco creativas no acordes con los perfiles profesionales y que no permiten al estudiante llegar a hacer la conexión de la teoría con la realidad, profesores que no cumplen con las expectativas docentes y no desarrollan un lenguaje donde se considere una comunicación asertiva en el aula,  teniendo presente que se informa y como se informa, lo que a su vez dificulta el clima del aula.

Lo anteriormente planteado esta a su vez inmerso en el entorno económico y familiar donde el estudiante muchas veces tiene problemas con los padres o mentores, responsabilidades económicas con hijos o esposa, carencias económicas que le hacen difícil cumplir con la asistencia a clases, además falta de recursos para disponer de internet, comprar libros o guías de estudio, así como realizar las asignaciones de las diferentes materias cursadas.

Por otro lado, con relación al entorno social, las muchas oportunidades de diversión propias de la edad los alejan de las responsabilidades como estudiante, en cuanto a las relaciones interpersonales les cuesta interaccionarse con sus compañeros para lograr objetivos comunes o resolver problemas.

Con referencia a la organización, el problema mayor es el déficit presupuestario, el cual se manifiesta entre otros aspectos con retardos en los procesos administrativos por falta de recursos, condiciones inadecuadas de la estructura física y falta de elementos técnicos y audiovisuales.

Además, dentro del contexto universitario en el ámbito administrativo la estructura organizativa funcional de las universidades muchas veces dificulta, inclusive imposibilita realizar acciones con el fin de contribuir con el mejoramiento y desarrollo del área académica.

Visto así este escenario es muy preocupante, actualmente Latinoamérica y el mundo, se encuentra en un proceso de transformación política, económica y social y la universidad debe adaptarse a esta realidad, las exigencias del entorno están cambiando drásticamente, lo que obliga a buscar la creatividad como base de un cambio constructivo y la aplicación de nuevas ideas para crear el desarrollo humano sustentable, como lo es la construcción de un sistema universitario que responda a los objetivos nacionales y mundiales que se encuentran inmersos en la consolidación del proceso de democratización, inclusión y calidad.

Donde el tratamiento educativo debe mirar hacia la persona humana, es decir educar en la unidad integral de su ser, interviniendo con los medios de instrucción y de aprendizaje, para lograr promover los criterios de juicio, los valores determinantes, los puntos de interés, las líneas de pensamiento, fuentes inspiradoras y modelos de vida.

Esta transformación requiere abordar la educación universitaria desde el pensamiento complejo, partiendo desde la transdisciplinariedad, la cual según Balza (2010) "supone superar los linderos estructurales y estructurados de todo conocimiento en construcción, así como aplicar la carga semántica que separa una disciplina de otra" (p.84).

A la luz de lo que nos plantea Balza nos conduce a visualizar que existe una falta de adecuación entre los saberes ya que se encuentran separados y divididos, por lo tanto, es importante establecer la pertinencia del conocimiento a través de la conexión de este con el contexto, lo global, lo multidimensional y complejo.

Por otro lado, Torre Pujol y Sand (2007) establecen que del concepto de transdisciplinariedad emergen tres campos conceptuales:

Primero el campo científico, epistemológico y metodológico de construcción del conocimiento, segundo el campo de la acción ecologizada que se manifiesta en la formación integral del ser humano a través de su relación con el mundo (ecoformación), con los otros (conformación, heteroformación), consigo mismo (autoformación), con la conciencia del propio ser (onto-formación) y tercero el campo de la actitud transdisciplinar o de vida que busca la comprensión de lo que ocurre en el universo.

El autor antes mencionado hace una reflexión sobre momentos del proceso de aprendizaje, donde se evidencia la necesidad de promover actitudes y aptitudes para comprender la reducida relación, entre el ser humano, su cultura y su medio físico a través de la ecoformación, la cual tiene como meta formar ciudadanos conscientes de su entorno,

al respeto Pujol y Sanz (2007) "La ecoformación es una manera de buscar el crecimiento interior a partir de la interacción multisensorial con el medio humano y natural, de forma armónica, integradora y axiológica. No es exclusivamente educación ambiental, sino una interacción entre la educación para el entorno, el desarrollo económico y el progreso social".

Para cumplir con una educación orientada hacia la autoecoformación se requiere de una universidad con un alto nivel de disciplina y autoformación por parte de sus estudiantes, no es como la educación primaria o secundaria, donde los padres están constantemente vigilando al alumno, en el nivel universitario la responsabilidad recae con mayor fuerza en el estudiante, es cuestión de conciencia, aprender para la vida y enfrentar los retos del mercado laboral.

Sera necesario que el educando realice eventos que implican necesariamente procesos metacognitivos los que le permitirán reconocerse como ser capaz de transformarse, cuestionarse y proyectarse hacia nuevas formas de aprender.

Ahora bien, la autoformación se irá desarrollando en el estudiante en la medida que el mismo promueva sus aprendizajes mediados por el contexto social, como el ambiente, la tecnología, cultura, educación, etc. esta interacción está caracterizada por su propia visión del mundo y por el conjunto de valores, premisas, conceptos y verdades individuales y sociales.

El estudiante debe ser capaz de analizar lo que hace, todo esto en un contexto complejo en el cual cada persona actúa conforme a su realidad, con las otras personas, es decir docentes, directivos, compañeros de clases, comunidad, familia y a su vez consigo mismo, donde tendrá la oportunidad para desarrollar el pensamiento complejo a partir del análisis del educando sobre sus aprendizajes, la iniciativa y gestión del proceso está en manos del propio sujeto que aprende, por lo tanto las experiencias de aprendizaje para la autoformación construyen el criterio,  con el cual  elaborara su verdad y será la guía en la toma de decisiones, lo que lo conducirá a una educación liberadora y emancipadora

La acción transdisciplinaria se manifiesta en la acción educativa ecologizada establecida en la dinámica relacional entre el ser humano, la sociedad y la naturaleza, de acuerdo con la búsqueda de las relaciones con el mundo ecoformación, con nosotros mismos autoformación y las relaciones con el ser ontoformación.

De esta manera se puede llegar a conceptualizar la auto-ecoformación como un estilo de pensar y sentir, enjuiciar críticamente la realidad proyecto de concientización para mejorar la actitud, la cultura y el conocimiento, considerando la inclusión de la persona con la sociedad y la naturaleza, trata de la relación del ser humano con el medio ambiente.

Como consecuencia de esto existe la voluntad de las personas por entender la realidad y desempeñarse en sociedad, por lo que está vinculado a la capacidad natural que tienen los seres humanos para adaptarse e integrarse a su ambiente.

Por lo tanto, el estudiante debe ser un ciudadano, con una auto-ecoformación, ser humano integral que evidencie un equilibrio constante en el transcurrir de la vida universitaria y lo dirigida a transformar la realidad, en beneficio de la sociedad, ya que la educación universitaria debe responder al impacto que se está produciendo en el proceso sociocultural que desarrolla actualmente la sociedad.

De lo expresado surgen las siguientes interrogantes: ¿Cómo es la disposición hacia la auto-ecoformación en los estudiantes? ¿Cómo es el desarrollo social cognitivo que observan los docentes en los aprendizajes de los estudiantes? y ¿Cuáles son los constructos teóricos que permiten la reconceptualización de la auto-ecoformación estudiantil en el contexto universitario?

En la actualidad se puede decir que el mundo paso de la era industrial a la del conocimiento,  existe un desarrollo acelerado lo que obliga a una visión más extensa, es decir en prospectiva, donde se hace necesaria la identificación de un futuro posible o probable, que dependerá de las acciones presentes valiéndose del conocimiento para generar visiones alternativas deseadas que a su vez proporcionen impulsos de acción, promoviendo información relevante y creando escenarios posibles para establecer valores, reglas y tomar decisiones para alcanzar un mejor futuro.

La Educación Universitaria tiene intrínseco el concepto de futuro, se forma al individuo para un tiempo distinto al actual, eso constituye un reto debido a que para no estar desfasada debe buscar la vanguardia del conocimiento y realizar las decisiones que permitan los cambios e innovaciones, de lo contrario perderá su esencia y pasará a ser solo un edificio donde se imparten contenidos.

La naturaleza universitaria es un todo polisistémico que se niega a ser reducido a sus elementos. Y esto ocurre precisamente, porque así reducido, pierde las cualidades emergentes del "todo" y la acción de éstas sobre cada una de las partes. Este "todo polisistémico", que constituye la naturaleza global, obliga, incluso, a dar un paso más en esta dirección.

Es por ello por lo que se debe a adoptar una metodología transdisciplinaria para poder captar la riqueza de la interacción entre los diferentes subsistemas que estudian las disciplinas particulares,

Martínez (2003). Menciona que "No se trata simplemente de sumar varias disciplinas, agrupando sus esfuerzos para la solución de un determinado problema, es decir, no se trata de usar una cierta multidisciplinariedad, como se hace frecuentemente; ni tampoco es suficiente, muchas veces, la interdisciplinariedad".

Este proceso cognitivo exige respetar la interacción entre los objetos de estudio de las diferentes disciplinas y lograr la transformación e integración de sus aportes respectivos en un todo coherente y lógico.

Ello implica, para cada disciplina, la revisión, reformulación y redefinición de sus propias estructuras lógicas individuales, que fueron establecidas aislada e independientemente del sistema global con el que interactúan, pues sus conclusiones lógicas, particulares, en forma aislada, ni siquiera serían "verdad" en sentido pleno.

**MOMENTO II**

# BUSCANDO RESPUESTAS CON LA PROFUNDIZACIÓN DE SABERES

*Para saber que sabemos lo que sabemos, y saber que no   sabemos lo que no sabemos, hay que tener cierto conocimiento.*

**Nicolás Copérnico**

**MOMENTO II**

**BUSCANDO RESPUESTAS CON LA PROFUNDIZACIÓN DE SABERES**

Teniendo presente que no existe campo del conocimiento humano completamente nuevo o inexplorado y porque es una realidad ya conocida, que toda creación o descubrimiento, en la mayoría de los casos toma elementos del pasado para revisar o comparar el mismo, es interesante revisar la historia, teorías y la opinión de autores sobre el tema educativo.

### *Evolución Histórica de la Universidad en el Mundo*

El término "universidad" se deriva del latín universitas magistrorum et scholarium, que aproximadamente significa "comunidad de profesores y académicos". Estas comunidades eran gremios medievales que recibieron sus derechos colectivos legales por las cartas emitidas por los príncipes, prelados, o las ciudades en los que se encontraban.

Otras ideas centrales para la definición de la institución de la universidad eran la noción de libertad académica y el otorgamiento de grados académicos. Muchas universidades se desarrollaron de las escuelas catedralicias y escuelas monásticas que se formaron desde el siglo VI D.C. Históricamente, la universidad medieval fue un producto típico de la Europa medieval y sus condiciones sociales, religiosas y políticas.

Adoptado por todas otras regiones globales desde el comienzo de la Edad Moderna, hay que distinguirla de las antiguas instituciones de altos estudios de otras civilizaciones que no eran en la tradición de la universidad y al que este término sólo se aplica retroactivamente y no en sentido estricto.

Al respecto, Iyanda (2000), refiere que la Universidad es una de las instituciones con más antigüedad y sin duda es la única que durante siglos ha perdurado a lo largo de la historia.

Es en los principios de la Edad Media cuando el saber y la educación se encontraban relegados a las escuelas existentes en los monasterios y catedrales (Bolonia, París, Salerno, San Millán, Córdoba, etc.) algunas de estas escuelas alcanzan el grado de Studium Generales, porque recibían alumnos de fuera de sus diócesis y concedían títulos que tenían validez fuera de ellas; contaban con estatutos y privilegios otorgados, primero por el poder civil y posteriormente ampliados por el papado, de aquí surgieron las universidades.

El término universitas aludía a cualquier comunidad organizada con cualquier fin. Pero es a partir del siglo XII cuando los profesores empiezan a agruparse en defensa de la disciplina escolar, preocupados por la calidad de la formación; del mismo modo, los alumnos comienzan a crear comunidades para protegerse del profesorado.

Al ir evolucionando acaban naciendo las Universidades. Parece estar probado que la primera en nacer fue la Universidad de Bolonia, a comienzos del siglo XIII, fue la que inicio los estudios reconocidos universalmente y estatutos propios; como anécdota es de destacar que el rector era elegido de entre los estudiantes.

La siguiente en nacer fue la de París, bajo el nombre de Colegio de Sorbona, unión de las escuelas de Notre Dame, de San Víctor y de Santa Genoveva, precisamente para evitar que los universitarios ingleses se desplazasen al continente para estudiar en esta última, recibiendo así la educación parisina, se crea la Universidad de Oxford (la más antigua de habla inglesa, instaurada en primer lugar por Enrique II pero no es hasta finales de siglo cuando se aprueban sus estatutos (precisamente en el siglo XIV por desavenencias de un grupo de profesores de la Universidad de Oxford, se crea la de Cambridge), posteriormente las de Padua, Nápoles, Toulouse, Praga, Viena, Heilderberg y Colonia.

En España la más antigua documentada es la de Palencia (1208-1212), que desapareció rápidamente, pero el rey Leonés Alfonso IX fundó a fines de 1218 o principios de 1219 el Studium Salmantino, actual Universidad de Salamanca. Alfonso X protegió el estudio y le otorgó sus estatutos en 1254 (en el libro de Las siete partidas que regula el funcionamiento de la institución), obtiene en 1255 gracias al papa Alejandro IV, la validez universal a los títulos de Salamanca (salvo en Bolonia y París) y el uso de un sello propio.

En 1346, Clemente VI, a petición de Alfonso XI, convierte en generales los estudios existentes en Valladolid. Sin embargo, la universidad Pinciana carece todavía de la ciencia teológica, privilegio exclusivo de París, los papas de principios del siglo XV, Benedicto XIII y Martín V consolidan el Estudio: Benedicto XIII (el Papa Luna) fija las rentas de la Universidad y dota 24 cátedras.

Posteriormente Martín V concede a Valladolid la ansiada Facultad (1417). Paralelamente, los reyes dotaron al Estudio de rentas, que le permitieron una cierta independencia económica, es Martín V, en 1422, quien elabora sus primeros estatutos, las Constituciones en que se basa el ordenamiento escolar.

En Valladolid, el Cardenal Mendoza funda el Colegio de Santa Cruz (1481), que igualará primero, y luego superará la gloria de otros centros salmantinos. Sus colegiales se convierten en unos estudiantes privilegiados, con una cuidada formación y mayores posibilidades de obtener buenos puestos en los tribunales o éxito en una posición.

La Universidad Complutense recibió este nombre por haber sido fundada en Alcalá de Henares, la antigua Complutum, por el Cardenal Cisneros, mediante Bula Pontificia concedida por el Papa

Alejandro VI en 1499. Fue el Cardenal Francisco Jiménez de Cisneros quien con renovados bríos recogió los antecedentes, aportando una nueva forma de concebir la enseñanza universitaria., la fundación de la universidad de Alcalá coincide con los albores de una nueva época en la historia de la humanidad, el final de la edad media y el surgimiento de la edad moderna con su primera gran manifestación cultural, el Renacimiento.

A finales del siglo XV y durante el XVI se estrecha la relación con la monarquía, representada por los Reyes Católicos, que dotan a la Universidad de nuevos privilegios y estatutos, en el siglo XVI, el "Alma Mater" vallisoletana alcanza un evidente esplendor, es declarada una de las tres universidades mayores del reino, junto con Salamanca y Alcalá.

La organización del estudio se perfecciona y aparecen los primeros estatutos en latín (1517) posteriormente, se redactan otros más detallados en romance, cobra interés la Facultad de Leyes, robustecida por la existencia de la medicina, de carácter hipocrático. Una reforma a fondo se hace imprescindible, y se realiza bajo los auspicios de Carlos III, a partir de 1770. A finales del siglo XV se crea el Colegio Mayor, nueva institución de excepcional importancia en el futuro y destinada a la educación universitaria.

Los años que van desde 1499 a 1517, año de la muerte del Cardenal, son claves para entender la historia de la Universidad de

Alcalá y calibrar acertadamente todo lo que de novedoso se introdujo en este nuevo concepto de universidad. Los pilares sobre los que se sustenta tan magna obra son: la generosidad del fundador, la buena organización, la acertada elección de los primeros profesores, la construcción de espléndidos edificios universitarios, la protección que dispensaron papas y reyes a la universidad, lo acertado de los planes de estudios de las facultades y el continuo crecimiento en el número de colegios fundados; estos aspectos son las líneas maestras que marcan la época de esplendor.

### *Las Universidades Latinoamericanas*

Según Malamud, (2013), las primeras universidades americanas fueron creadas por la Corona Española en la etapa colonial. ni Inglaterra ni Portugal, ni las otras potencias coloniales menores, fundaron universidades en américa latina, la primera universidad fundada oficialmente, de acuerdo a la normativa jurídica impuesta por la monarquía española, fue la Real y Pontificia Universidad de San Marcos, en Lima, Perú, es la actual Universidad Nacional Mayor de San Marcos, fue fundada por "cédula real" el 12 de mayo de 1551, además es considerada la más antigua del continente en mantener un funcionamiento continuo desde el siglo

XVI. Desde el siglo XVII, en 1613, fue fundada la actual Universidad Nacional de Córdoba (UNC), en Argentina.

El 27 de marzo de 1624, en Bolivia, actual Universidad Mayor Real y Pontificia San Francisco Xavier de Chuquisaca (USFX), el 31 de enero 1676, actual Universidad de San Carlos de Guatemala (USAC) que también mantienen funcionamiento continúo. La segunda universidad fundada por la corona española fue la Real y Pontificia Universidad de México el 21 de septiembre de 1551 y convertida en la Universidad Nacional Autónoma de México (UNAM) en 1910.

La UNAM es considerada a su vez como la universidad con mayor reputación académica de México y de Hispanoamérica, y otorga grados académicos de Bachillerato, Licenciatura, Maestría y Doctorado.

Además de las ya mencionadas; en Ecuador se fundaron las que hasta el día de hoy conforman la Universidad Central del Ecuador: San Fulgencio fundada en 1586 por los Agustinos, San Gregorio Magno fundada en 1651 por los Jesuitas y la Santo Tomás de Aquino, fundada en 1681 por los Dominicos. En Santo Domingo, República Dominicana, se constituyó la Universidad de Santo Tomás de Aquino, esta fue aprobada el 28 de octubre de 1538.

Sin embargo, no fue reconocida oficialmente por la corona española. Sería recién el 26 de mayo de 1747 que se fundaría oficialmente por "cédula real". Según algunos historiadores la universidad fue cerrada, y según otros extinguida, en 1824. La actual Universidad Autónoma de Santo Domingo, abierta oficialmente en 1914, reclama su sucesión, el tema es aún materia de controversia historiográfica.

También cabe mencionar a la Universidad Nacional de San Antonio Abad del Cusco que fue creada por Breve de Erección del papa Inocencio XII dado en Roma, Santa María La Mayor el 1º de marzo de 1692, se autorizó otorgar los grados de Bachiller, Licenciado, Maestro y Doctor. El documento papal fue ratificado por el rey Carlos II, mediante Real Cédula denominada EXEQUÁTUR, dada en Madrid el 1º de junio de 1692.

Tuvo como primer rector al Dr. Juan de Cárdenas y Céspedes, y el primer grado académico conferido fue el de Doctor en Teología a Pedro de Oyardo, el 30 de octubre de 1696. Es la segunda universidad en funcionamiento continuo desde su fundación más antigua del Perú, después de la Universidad Nacional Mayor de San Marcos.

El modelo fue el de las universidades de España (Salamanca, Alcalá de Henares), pero las universidades coloniales son semi eclesiásticas y cerradas (jesuitas, dominicos, franciscanos, carmelitas, agustinos); sus criterios de pertenencia y métodos perduran sin cambios por dos siglos.

Los aspectos actuales nacen con la Reforma Universitaria de 1918, extendida por toda América Latina, fueron focos de resistencia social y política frente a las dictaduras que años después asolarán el continente. Brasil no tuvo universidades en la época colonial, la Reforma Universitaria ha sido una influencia fuerte, pero hay diferencias importantes con otras universidades de Latinoamérica.

En Brasil hay más de 2600 colegios y universidades de todo el país, figura entre público y privado. Bolivia contó en la colonia con gran cantidad de centros de formación, el más importante la de San Francisco Xavier de Chuquisaca. Bolivia guarda íntima relación con las universidades latinoamericanas por convenios científicos como el Andrés Bello.

En Colombia hay una variedad de universidades certificadas por alta calidad y son reconocidas a nivel internacional por la innovación de programas que conllevan al descubrimiento científico de hipótesis, entre esas universidades se encuentran principalmente la Universidad Nacional de Colombia, el Tecnológico de Antioquia, la Universidad de Antioquia, la Universidad de Los Andes, la Universidad Pontificia Bolivariana y la Universidad Javeriana.

En México existen, además de la arriba mencionada Universidad Nacional Autónoma de México (UNAM) como la máxima casa de estudios del país, muchas otras universidades prestigiosas y reconocidas a nivel mundial, entre las que principalmente figuran el Instituto Politécnico Nacional, el Instituto Tecnológico de Estudios Superiores de Monterrey, la Universidad de Guadalajara, la Universidad de las Américas Puebla y la Universidad Iberoamericana.

Con referencia a Chile la Universidad de Chile, es considerada compleja por su gran extensión investigativa en las diversas áreas del conocimiento, creada por ley en 1842 e instalada el 17 de septiembre de 1843. Su Casa Central y la mayoría de sus dependencias se encuentran ubicadas en la ciudad de Santiago de Chile.

En 1888 se funda la Universidad Católica de Chile (actual PUC) que se convirtió en la segunda universidad en importancia del país. Para 1919 se funda la Universidad de Concepción.

Por otra parte, Academia Libre se convirtió, el 5 de mayo de 2012, en la única universidad del mundo cuyo rector, el poeta David Hevia, es electo como tal por sufragio universal y voto igualitario.

Sus Estatutos se fundan en el principio de democracia participativa, así como en el carácter público y gratuito de cada uno de sus programas de estudios, mientras el Reglamento Académico establece una calificación mínima para aprobar de 70%, en escala de 0 a 100, y una evaluación docente periódica y vinculante. En su quehacer de docencia, investigación y extensión, ha hecho presentaciones ante la UNESCO y otras entidades.

## *Reflexionando sobre el Aprendizaje*

Según el Diccionario de la Lengua Española de la Real Academia, el verbo aprender (del latín apprehendere: asir, agarrar) significa adquirir el conocimiento de alguna cosa por medio del estudio o de la experiencia.

Esta definición plantea dos aspectos: la adquisición de un conocimiento sobre algo y la habilidad de vincular un entendimiento conceptual a través de la experiencia existe una conexión entre lo que se aprende y como se entiende y aplica el aprendizaje.

Pavón (2011), define el aprendizaje universitario como un sistema en el cual existe la integración, interrelación e interacción entre estudiante, conocimiento, docente, contexto y ambiente de aprendizaje.

Muchas son las teorías o enfoques que se han planteado a lo largo de la historia sobre las formas o maneras de aprender del ser humano, a continuación, se exponen algunas de las que se consideran relevantes para la teoría propuesta.

*Conductismo*

Corriente de la psicología inaugurada por John B. Watson (1878-1958) Condicionamiento Clásico. Iván Pavlov (1849-1936) Condicionamiento Respondiente (ES operante) Burrhus Skiner (1904-1990) Condicionamiento Operante. Defiende el empleo de procedimientos estrictamente experimentales para estudiar el comportamiento observable (la conducta) de los seres vivos, considerando el entorno como un conjunto de estímulos-respuesta.

El enfoque conductista en psicología tiene sus raíces en el asociacionismo de los filósofos ingleses, así como en la escuela de psicología estadounidense conocida como funcionalismo y en la teoría darwiniana de la evolución, ya que ambas corrientes hacían hacen en una concepción del individuo como un organismo que se adapta al medio (o ambiente).

Desde la perspectiva educativa se identifica como el proceso por el cual la gente adquiere cambios en su comportamiento, mejora sus actuaciones, reorganiza sus pensamientos, descubre distintas maneras de comportamiento y adquiere nuevos conceptos de información.

El aprendizaje ocurre, mediante la repetición una y otra vez, y se da una recompensa o refuerzo gratificante para el individuo. El ser humano es visto como la culminación de la evolución de las especies, como los menos instintivos y a la vez los más capacitados para aprender, plantea que la actividad fundamental del ser humano es aprender por lo tanto si sobrevive es porque aprende.

El profesor solo transmite conocimientos y es el dueño de la verdad, el alumno es solo receptor de los conocimientos, esto hace sentir el aprendizaje como obligatorio.

Donde se controlan las conductas de los sujetos y se transmiten las pautas culturales, para propiciar la reproducción de patrones conductuales. El conductismo es la primera teoría que viene a influenciar fuertemente la forma como se entiende el aprendizaje humano.

Antes del surgimiento del conductismo el aprendizaje era concebido como un proceso interno y era investigado a través de un método llamado "introspección" en el que se les pedía a las personas que describieran qué era lo que estaban pensando. A partir de esto surge el conductismo, como un rechazo al método de "introspección".

En la actualidad aún existen profesores conductistas que manejan el estímulo para que el estudiante de la respuesta deseada, a veces a través de un refuerzo positivo o negativo como medida de control para la conducta.

Dentro de los aportes del conductismo se puede mencionar la ampliación del currículo para la educación de niños especiales a través del uso de técnicas conductistas. La enseñanza automatizada, por computadoras, televisión, etc. tienen su basamento en la teoría conductista.

Los recursos tecnológicos son usados en la práctica en nuestros días como elementos de aprendizajes efectivos, inclusive por universidades. Se puede decir que una aplicación del conductismo a la educación lo constituye la instrucción programada.

## *Cognoscitivismo*

Pabon y Serrano (2011), exponen que en el enfoque cognitivista: "el aprendizaje es un proceso mental activo, acumulativo de la información, organizadas en estructuras cognoscitivas, representaciones, esquemas o modelos mentales en el estudiante."

Las teorías cognitivas conciben el aprendizaje como una visión interna, percepción o entendimiento. Entre 1960 y 1970 el termino cognición se relaciona con el concepto de procesamiento de la información que los organismos adquieren y usan para adaptarse al medio, su objetivo prioritario, consiste en el estudio de los procesos sensoriales, perceptivos, de memoria a través de la recolección y almacenamiento de la información, utilizado para cualquier comportamiento humano.

Bonvecchio (2006) plantea que "el cognitivismo tomo como modelo del funcionamiento de la mente humana el modelo informático del procesamiento de la información. La mente humana al modo de una computadora va cumpliendo una serie de tareas para asimilar retener y modificar una información."

### *Constructivismo*

Serrano (2011) expone que existen tres maneras de ver el constructivismo:

> Han sido muchos los intentos de clarificar posiciones y se han dedicado no pocos trabajos monográficos al análisis del paradigma constructivista confrontando maneras diferentes de entender el constructivismo psicológico (Prawat, 1999). En términos generales podríamos decir que se han venido dando varias explicaciones alternativas del funcionamiento psicológico que podrían ser recogidas bajo el paraguas del constructivismo y que responden a las visiones teóricas constructivistas dominantes en psicología del desarrollo (Coll, 2001; Martí, 1997). En este sentido cualquier tipo de clasificación de los constructivismos recoge, explícita o implícitamente, la existencia de: un constructivismo cognitivo que hunde sus raíces en la psicología y la epistemología genética de Piaget, un constructivismo de orientación socio–cultural (constructivismo social, socioconstructivismo o

constructivismo) inspirado en las ideas y planteamientos Vygotskyanos y un constructivismo vinculado al construccionismo social de Berger y Luckmann (2001) y a los enfoques posmodernos en psicología que sitúan el conocimiento en las prácticas discursivas (Edwards, 1997; Potter, 1998).

Para Pabon y Serrano (2011), el enfoque constructivista sostiene que el "aprendizaje es un proceso de construcción de conocimiento individual (Piaget, Ausubel) significativo (Ausubel) y social (Vigotsky ) del estudiante en el aula."

La teoría de Jean Piaget (1896-1980), diversas propuestas postulan esta teoría como fundamentación prácticamente exclusiva de una práctica docente que tuviera en cuenta las características del desarrollo cognitivo y social del alumno.

Señala los momentos evolutivos adecuados para la introducción de nuevos conocimientos, teniendo en cuenta las capacidades de los niños. Por ejemplo: el aprendizaje de la lecto-escritura encuentra su punto de inicio óptimo a partir de las operaciones formales básicas, alrededor de los 6 años. Remarca la importancia de las actividades grupales en el aula estas promocionan la construcción activa del conocimiento.

Es necesario respetar los ritmos individuales en la adquisición de los aprendizajes. Cada niño trae consigo un ritmo que le es propio, y que es diferente de los demás niños, que posibilita avances más rápidos en algunas áreas. Cada nueva información es asimilada y depositada en una red de conocimientos y experiencias que existen previamente en el sujeto.

El aprendizaje es un proceso activo por parte del alumno que construye conocimientos partiendo de su experiencia e integrándola con la información que recibe. Se percibe este como una actividad personal enmarcada en contextos funcionales, significativos y auténticos.

El profesor cede su protagonismo al alumno, quien asume el papel fundamental en su propio proceso de formación, es el alumno quien se convierte en el responsable de su propio aprendizaje, mediante su participación y la colaboración con sus compañeros. Es el propio alumno quien deberá lograr relacionar lo teórico con los ámbitos prácticos, situados en contextos reales.

El conocimiento no surge ni del objeto ni del sujeto, sino de la interacción entre ambos; el conocimiento es un proceso de construcción perpetuo, no una mera copia de la realidad; toda comprensión implica cierto grado de invención puesto que el conocimiento exige del sujeto actuar sobre lo conocido y, por lo tanto, transformarlo. Exige del sujeto actuar sobre lo conocido y, por lo tanto, transformarlo. La educación se enmarca en lo que se denomina, "perspectiva o concepción constructivista".

Esta teoría aún se encuentra vigente debido a que muchas escuelas exigen que el alumno tenga como mínimo seis años para cursar primer grado, con la finalidad de hacer cumplir estos estadios propuestos por Jean Piaget, que establece a partir de esta edad las operaciones concretas, donde se inicia la etapa de construcción más clara del aprendizaje, antes de esta edad igualmente se pueden introducir ciertos conocimientos e iniciar el proceso de lecto escritura, pero dependerá de la capacidad del niño si este estará maduro para seguir el ritmo.

Ausubel (1918-2008). La diferencia entre aprendizaje significativo y aprendizaje memorístico está en la capacidad de la relación del nuevo conocimiento con la estructura cognitiva, si esta es arbitraria y lineal, entonces el aprendizaje es mecánico y si no es arbitraria y sustantiva, entonces el aprendizaje es significativo.

Este se lleva a cabo sobre el cimiento de una estructura cognitiva previa. Por ella se entiende el conjunto de conceptos, ideas que un individuo tiene en un determinado campo de conocimiento, así como su organización.

Al orientar el aprendizaje es importante saber la estructura cognitiva del alumno; no es saber cuánta información maneja, sino que conceptos y proposiciones maneja y el grado de estabilidad de éstos.

**En el** Aprendizaje es significativo cuando el estudiante enlaza lo aprendido con la nueva información y lo integra a su área cognitiva, es aprendizaje representacional, cuando se identifican y asocian los símbolos con sus referencias de tal forma que ambos significan lo mismo. Aprendizaje proposicional cuando se aprende un conjunto de palabras que representan una idea completa y se integran a la estructura cognitiva.

Aprendizaje subordinado. El nuevo conocimiento se subordina a lo que ya está aprendido. **Sus aportes son el concepto de** aprendizaje significativo: como el proceso a través del cual una nueva información, un nuevo conocimiento se relaciona de manera no arbitraria y sustantiva con la estructura cognitiva de la persona que aprende.

Los principios de aprendizaje que propuestos dan el marco para diseñar herramientas metacognitivas para conocer la organización de la estructura cognitiva del educando, lo que permite una mejor orientación del trabajo docente, los alumnos tienen una serie de experiencias y conocimientos que afectan su aprendizaje y pueden ser aprovechados en su beneficio.

En la actualidad con la implementación de los currículos se hace fuerte hincapié en esta teoría porque induce al aprender haciendo, aprender viendo, aprender siendo y aprender conviviendo. Se plantea siempre tomar en cuenta los aprendizajes obtenidos por experiencias o vivencias propias, enlazarlo con el contenido a impartir y obtener un aprendizaje significativo y duradero para el estudiante.

Vigotsky (1896-1934). Los procesos de aprendizaje están condicionados por la cultura en la que se nace y se desarrolla y por la sociedad en la que se vive. El tutor, los padres y los amigos modelan el comportamiento del niño. Y el niño o niña los trata de asimilar e imitar. De esta forma el lenguaje es fundamental para el desarrollo cognoscitivo.

El lenguaje tiene un papel importante en el desarrollo de la inteligencia, debido que permite expresar ideas y plantear preguntas, conocer categorías y conceptos para el pensamiento, y los vínculos entre el pasado y el futuro. Vigostsky resalta la importancia del aprendizaje guiado y pone como ejemplo culturas en las cuales los niños y niñas aprenden a tejer o cazar participando de forma activa en actividades importantes al lado de compañeros más hábiles; quienes los ayudan y los estimulan.

Distingue la importancia de los procesos sociales y los procesos culturales en los procesos de aprendizaje de las personas y enfatiza que las personas cuando aprenden interiorizan los procesos que se están dando en el grupo social al cual pertenecen y en las manifestaciones culturales que le son propias. De esta manera la cultura juega un papel importante en el desarrollo de la inteligencia, es decir, las características de la cultura influyen directamente en las personas.

Las contribuciones sociales tienen directa relación con el crecimiento cognoscitivo; ya que muchos de los descubrimientos de los niños y niñas se dan a través de otros. Tiene mucha importancia en los procesos sociales y los procesos culturales los procesos de aprendizaje de las personas, cuando aprenden interiorizan los procesos que se están dando en el grupo social al cual pertenecen y en las manifestaciones culturales que le son propias.

A los elementos genéticos se agrega los condicionantes de la sociedad y de la cultura. Actualmente está más vigente que nunca la teoría de Vigostsky debido a que existe una corriente mundial hacia el rescate de la cultura y el aporte de los antepasados para las futuras generaciones, así como la recuperación de las raíces indígenas, afrodescendientes y sus tradiciones culturales.

*Andragogía*

En una ciencia de la educación y expone que en forma tradicional se define al adulto conforme a su edad, toda persona mayor de 18 dieciocho años es considerada adulta, sin embargo, desde una concepción biopsicologica, el Grupo Andragógico de Nothingan citado en Cazan (2003), define al adulto como: "un ser en desarrollo continuo y en el cual heredero de su infancia, salido de la adolescencia y en camino hacia la vejez, continúa buscando la plenitud de sus facultades como ser humano"

La definición de lo que es un adulto se corresponde con el desarrollo biológico, psicológico y social del individuo dentro del contexto universitario sería entonces importante ¿conocer cómo es el aprendizaje en el adulto?

Este necesariamente se distingue del aprendizaje de un niño por su manera de pensar y la naturaleza de las acciones que realiza, es decir el pensamiento formal-operacional se activa cuando existe aptitud y motivación hacia el contenido por aprender, se inicia con una base dialéctica que conlleva un proceso de evaluación y reevaluación, esto es operaciones mentales que conforman el pensamiento maduro.

Durante este proceso, el pensamiento abstracto se conjura con la experiencia concreta para descubrir problemas y respuestas en lugar de la simple determinación de respuestas.

La andragogía considera al pensamiento dialéctico por considerarlo eficaz e impulsar su desarrollo. Paula Alonso Chacón (2012) menciona los siguientes postulados por los cuales se rige la andragogía.

- El autoconcepto del adulto: el adulto es una persona autodirigida.

- La acumulación de experiencias previas: estas experiencias se convierten en un recurso importante en el entorno educativo.

- La disposición del aprendizaje por parte del alumno: este se motiva a aprender si puede relacionar lo aprendido con sus funciones sociales.

- La aplicación del conocimiento: el adulto desea su aplicación inmediata mediante la resolución de problemas.

Además de los postulados la andragogía posee los siguientes siete elementos:

- Establecer un ambiente adecuado: se debe propiciar un ambiente cálido, de dialogo y de respeto mutuo en el cual los participantes interactúen sin temor.

- Planeamiento de la sección: el facilitador de la sesión debe planificar concienzudamente el tema y la metodología por usarse y explicar cuál es el propósito de cada uno de los procedimientos (técnicas) para llegar al descubrimiento del nuevo conocimiento.

- Diagnóstico de las necesidades de estudio: se debe construir un modelo basado en competencias (conocimientos, habilidades y actitudes) que intervienen en el proceso educativo del aprendizaje con el fin de ayudarlo.

- Establecer objetivos: consiste en transformar las necesidades detectadas en el elemento anterior, para convertirlas en objetivos significativos y medibles.

- Elaborar un plan de estudio: es elaborar un programa que contenga objetivos, recursos, estrategias para alcanzar los objetivos.

- Realizar actividades de estudio, investigación individual, debates, conferencias, diálogos, entrevistas, panel, lecturas, juegos de roles, análisis de casos, asesorías.

- Evaluar los resultados del estudio: se deben desarrollar instrumentos eficientes para evaluar los resultados del proceso andragógico.

### *Aprendizaje Universitario desde la Complejidad*

La palabra complejidad proviene del latín "complerectere, cuya raíz "plectere" significa trenzar, enlazar. El prefijo "com" implica dualidad de dos elementos opuestos que se enlazan íntimamente.

En efecto lo complejo indica que "se compone de elementos diversos" Real Academia Española (2000).

Al respecto, Morín (1998), afirma que:

Así aquello que es complejo recupera, por una parte, al mundo empírico, la incertidumbre, la incapacidad de lograr la certeza de formular una ley, de concebir el orden absoluto. Y por otra, algo relacionado con la lógica; es decir, con la incapacidad de evitar contradicciones (p. 99).

A lo largo del transcurrir de la humanidad han existido diversos planteamientos teóricos para explicar y ofrecer aportes sobre el proceso de aprendizaje, entre estos se encuentran los que perciben el aprendizaje universitario desde la visión cognitiva y social, en la actualidad han surgido diversas explicaciones sobre este proceso que lo complementan. Una de ellas es la visión de integralidad, dialógica, recursividad y hologramática aportada por la complejidad de Morín, esto entre lo individual, social y el medio externo.

Lo individual implica los componentes intrínsecos del estudiante que le permiten aprender, lo social hace referencia a factores extrínsecos (estudiantes, docentes, entorno). Desde la complejidad el aprendizaje universitario debe entenderse como un proceso complejo, multidimensional, dialógico, recursivo y hologramático del estudiante dentro de un contexto y ambiente de aprendizaje (Morin.1988).

En el aula la complejidad se inicia con el estudiante universitario, como sujeto humano integral, el mismo comprende la integración de componentes intrínsecos esenciales para el aprendizaje, entre los que se pueden mencionar: percepción, cerebro total, inteligencias múltiples, estilos de aprendizaje, memoria. Estos son interdependientes con elementos extrínsecos del estudiante, entre ellos: conocimiento de la disciplina objeto de aprendizaje, el docente, las estrategias, los medios didácticos, el contexto y el medio de aprendizaje.

El aprendizaje universitario desde esta visión es multidimensional, se genera en unidades complejas multidimensionales. El estudiante universitario como todo ser humano presenta múltiples dimensiones (biológica, afectiva, espiritual, cognitiva, reflexiva, social, física, ética y cultural) que intervienen en el proceso de aprendizaje. Cada una de ellas tiene su propia existencia son independientes, libres, dinámicas, pero están interconectadas (Morin, 2009).

Todo esto comprende una súper estructura dinámica o sistema de alto nivel de complejidad que es la persona humana. Al mismo tiempo, es dialógico ya que es un proceso dado por diversos componentes intrínsecos del estudiante, cada uno de ellos cumple funciones específicas diferentes, pero complementarias en el proceso de aprendizaje del estudiante universitario en el aula, en esta transformación el cerebro comprende, una dialógica de análisis y síntesis, así como digital y analógica durante la percepción de la información hasta la representación mental de la realidad y además una dialógica de los sentidos, el cerebro y el espíritu que rige la construcción del conocimiento durante el proceso de aprendizaje.

A su vez, en el aprendizaje universitario se puede apreciar que se produce una relación dialógica entre estudiante y conocimiento de la disciplina, también entre docente, compañeros, estudiantes, conocimiento, estrategias y medios didácticos. Estas relaciones dialógicas son esenciales para que se promueva el aprendizaje integral. Además, el aprendizaje es recursivo porque es un proceso donde "productos y efectos son simultáneamente, causas y productores de aquello que lo produce" (Morín 1990).

Estamos frente a un proceso de construcción mental del cerebro y del espíritu que procesa la información significativa y crea las representaciones, nociones e ideas, según como el sujeto que aprende percibe y concibe el mundo exterior (Morín 1984).

Es de hacer notar que lo que el estudiante percibe (externo) produce y reproduce sus pensamientos (interno), surge así un bucle recursivo donde la percepción de la información, pensamiento del estudiante se generan entre si, como procesos esenciales en el aprendizaje, la percepción y el pensamiento deben ser tomados en cuenta al momento de establecer estrategias y medios didácticos pertinentes para promover el aprendizaje del estudiante en el aula universitaria.

Este a su vez es nutrido por elementos externos, la naturaleza conceptual y metodológica de los contenidos, situaciones, experiencias actividades y estrategias, medios didácticos pertinentes, procesos y operaciones que realiza y desarrolla las practicas discursivas propias de las disciplinas, el discurso del docente, la interacción social y cooperación entre pares, el contexto y el ambiente del aula universitaria donde el individuo aprende, entre cada componente se establece una relación recursiva durante el proceso de aprendizaje universitario.

El aspecto hologramático se evidencia porque es un proceso donde el todo está en las partes que están en el todo (Morín 1988), es decir el aprendizaje es un proceso que implica un todo integrado por partes (componentes intrínsecos del estudiante, conocimiento pertinente de la disciplina, docente, estrategias, medios didácticos, contexto y ambiente de aprendizaje) pero a su vez estas partes constituyen el todo del proceso en el aula universitaria (Morín 1990)

### *La Transcomplejidad y el Aprendizaje Universitario*

Para Vigellas, Shavino y Rodríguez (2010), "la transcomplejidad surge de la integración de los postulados de las teorías del pensamiento complejo (Morín 1996) y de la transdisciplinariedad" (Basarab 1996).

La teoría educativa transcompleja es una propuesta de transformación educativa que se centra en la aplicación de la visión paradigmática de la complejidad y la transdisciplinariedad, responde a un planteamiento centrado en mostrar lineamientos para un manejo reflexivo, complejo y transdisciplinar aplicados a ejes concretos tales como: currículo complejo, didáctica compleja y transdisciplinar, complejización educativa, evaluación de la complejización, metacomplejidad planteamientos de investigación transdisciplinar en la educación, bucles educativos y el desarrollo de sus fundamentos epistemológicos y filosóficos en el paradigma emergente.

González (2012), expone una diferenciación entre el pensamiento complejo, complejidad y ciencias de la complejidad.

> Respecto al comportamiento complejo, se entiende como un conjunto de principios básicos, metódicos que nacen con los pensamientos del maestro Edgar Morín. La complejidad como un acercamiento a una nueva forma de visión de pensamiento, de paradigma, es decir, como el mismo Edgard Morín menciona, la complejidad es un paradigma de pensamiento que se cultiva día a día en lo científico y en la cotidianidad. Y las ciencias de la complejidad como el surgimiento de un conjunto de ciencias que nacen justamente del cuestionamiento de las disciplinas y las ciencias formales más allá de su límite, nacen del caos científico, de la falta de respuestas lineales a los problemas humanos, que en la actualidad se estructuran en campos concretos de las ciencias naturales y sociales, volviéndose prácticas y respondiendo a enigmas de la comunicación, la tecnología, la medicina y el medio ambiente principalmente.

Desde la perspectiva del aprendizaje, se visualiza a la complejidad como la incapacidad del sujeto en su ámbito psicológico para abordar al objeto, o como una cualidad inherente al objeto en su realidad objetiva, ambas opciones son interdependientes, solo ciertos sujetos suficientemente complejos psicológica y epistemológicamente están en condiciones de detectar y comprender la complejidad y solo la complejidad de determinadas realidades puede generar sujetos capaces de tomar conciencia de ella.

En la actualidad los estudiantes universitarios manifiestan la complejidad enmarcada en la preferencia de la imagen sobre el texto, las imagines digitales ya no son la representación de la realidad sino su simulación, la simplificación de las distancias por los avances tecnológicos, así como la superposición de lo inmediato y lo lejano a través de las imagines y la velocidad de los medios, la unión del pasado y el futuro por efecto de lo virtual, está provocando un cambio en las nociones de tiempo y espacio en el ser humano y de los puntos de referencia que en el transcurrir de la historia han servido para dar consistencia al pensamiento y las culturas.

En el impacto de los eventos contemporáneos, entre el docente y estudiante se incorporan en sí mismos las propiedades de la complejidad (tejer, trenzar, mallar, ensamblar, enlazar, articular, vincular, unir el principio con el fin, incorporar el azar y la incertidumbre y la autoorganización), dando paso a una serie de flujos que concentran estas características en las formas de aprender, conocer, recordar y estructurar información.

La teoría educativa transcompleja está construida con base en una estructura meta espiral, tomando en consideración: fundamentos epistemológicos y filosóficos. Para la transcomplejidad la naturaleza del conocimiento es compleja y transdisciplinar y está dotada de elementos constructivos y reconstructivos, es uno de los nudos del proceso de complejización de lo que se quiere estudiar, educar, construir, innovar.

La naturaleza misma es incierta, pero mantiene elementos de acontecer según contexto, circunstancia, proceso investigativo o desarrollo creativo individual o social. El conocimiento dentro del proceso educativo, en este sentido, es cuestionado, reflexionado y es el elemento que permite que el sujeto que aprende adquiera las cualidades complejas de lo que se desea complejizar.

El conocimiento en la transcomplejidad es abierto, flexible, incierto, cambiante, cuestionante y cuestionado, procesual, sistémico, planetario, transformador y transdisciplinario. Está en el sujeto y parte de los procesos complejos que desarrolla su aula mental social, bajo inicios de la metacomplejidad, existe una dialogicidad interna y externa que le permite construirse y deconstruirse individual y socialmente.

La Teoría Educativa Transcompleja se rige por principios como el del bucle educativo o el principio no lineal de la educación que incorpora como epistemología educativa los principios del paradigma de la complejidad, está a su vez plantea que es posible construir nuevos principios para reconstruir y reconstruir la misma teoría. Incorpora además el principio de infinidad donde se ve a la educación como un proceso de constante cambio en metaespiral, que afronta los bucles educativos y permite a los seres humanos transformarse.

La educación en su sentido más complejo y transdisciplinar es infinita, trasciende, se reconstruye y construye. El principio de incertidumbre es el motor inicial de cualquier proceso educativo, la motivación intrínseca de cualquier acto didáctico que enriquece el aula, la mente social de los seres humanos y permite que la metacomplejidad funcione y contribuya en los procesos. El principio de la transcomplejidad es que la transdisciplinariedad tiene como meta final la complejización educativa.

Esta teoría plantea que el fin último de la educación es la complejización educativa, tanto el conocimiento como el aprendizaje son procesos intermedios que permiten la complejización. La misma es relativa, reflexiva, investigativa y transdisciplinar. La complejización debe permitir la humanización del sujeto y dar el sentido planetario a la educación.

De igual manera, otro principio es el de la identidad humana que propone que el inicio de todo proceso educativo es la comprensión humana sobre la tecnificación, la certificación o el empoderamiento de la ciencia sobre el ser humano, pero además está el principio transinvestigativo que permite la aplicación de la investigación educativa desde la visión transdisciplinar. Lo que admite la incorporación de los procesos de metacognición desde la complejidad y para la complejidad, denominado principio de metacomplejidad educativo.

Por último, está el principio de transformación que plantea que la educación debe contribuir a los procesos de transformación social, cultural, ideológica, tecnológica, política, económica y todo cuanto incorpore a la educación como parte de su estructura, Entre las características de este principio destaca el dinamismo, el devenir educativo, la comunicación educativa, el cambio, lo relativo, la incertidumbre, lo investigativo, lo creativo e innovador.

## *Componentes de la Teoría Educativa Transcompleja*

El componente filosófico está orientado al discurso dialéctico y evolucionista de la ciencia. Es una filosofía y epistemología individual y social que nace en el sujeto mismo en torno a un contexto complejo y transdisciplinar, la base de la teoría radica en la emergencia educativa, la misma que se concibe como investigativa desde la transdisciplinariedad, un elemento base fundamental es el desaprendizaje, reaprendizaje, aprendizaje y complejización como un proceso emergente basado en la investigación.

Subsiste la idea de aula mente social, como el elemento articulador para la complejización educativa primeramente vista como un proceso individual o social que se deconstruye y reconstruye, la cultura se concibe como un camaleón adecuado a un contexto que incorpora como factor a la educación, un proceso transformador basado en el ser humano pensante, que complejiza su educación hacia su vida y para la vida.

La educación es compleja, la sociedad es compleja por lo tanto es necesario fusionarlas en una complejización educativa que coordine los límites entre la ciencia y lo que pudiera estar más allá o entre ella misma.

## *Acciones de la Teoría Educativa Transcompleja*

Comprende la emergencia educativa como una acción de contexto hace referencia a una situación problemática de relevancia, constructiva y reconstructiva del ser humano y para el ser humano, que trasciende más allá de una actitud o valor, un trascender del conocimiento, de la habilidad o destreza o del mismo ser, permite buscar en el ser humano la convivencia y armonía entre todos, facilitando la reflexión humana como centro de comprensión en el a accionar humano, no es una educación reproductiva o materialista sino una social donde los seres humanos contrarios se armonizan y los semejantes se complementan.

Con referencia a lo anterior se incorpora el todo en las partes y las partes en el todo, el contexto el convivir y el sentido humano de la educación deben llevar a la planetarización, donde nace en el ser humano un sentido político contextual que trasciende a lo social, es la acción que se moldea a través de una investigación transdisciplinar, no sujeta a recetas o estereotipos científicos, que permiten que la educación sea emergente, dinámica, con un aporte continuo, de reflexión, desconstrucción y reconstrucción desde la complejidad de lo que se quiere investigar.

Los actores educativos transcomplejos a partir de su contexto y su aula mente social se diferencian, unen, recursivan, dialogizan y se auto-eco-organizan. Son sujetos con gran sentido de libertad y valor teórico practico de vida. Son educandos en lo infinito, que pueden o no estar presentes en el proceso. Dotados de gran sentido metacomplejo y humanístico social, se conciben como seres vivos finitos y de enormes momentos de materializarse en otro ser, pero psíquicamente infinitos dotados de incertidumbre como motivación y claramente inmersos en una naturaleza compleja.

***Los Ejes Educativos de la Teoría Transcompleja***

Es un hecho que los seres humanos somos complejos, "hiper-complejos" y más aun metacomplejos, donde aparece la incertidumbre, la angustia y el desorden como parte de su ser y existencia (Morín 2005).

Pero que sucede cuando el sujeto toma las dos formas de ver el mundo, por un lado aquella situación compleja y además toma conciencia de lo que él piensa, aprende o conoce, este proceso como tal favorece que el sujeto se apropie de la naturaleza en una cosmovisión metacompleja, es decir un pensamiento metacomplejo que caracteriza una forma de ver el mundo donde el observador toma conciencia de la realidad compleja, en otras palabras metacomplejo se evidencia como aquello que no puede resumirse en una palabra maestra, en una síntesis, aquello que no puede retraerse a una ley, aquello que no puede reducirse a una idea simple o mecanicista.

Visualizar la metacomplejidad como característica de una acción pedagógica obliga a repensar las formas de enseñar y aprender desde la metacognición, es decir desde la coexistencia de lo opuesto, la incorporación del azar, la incertidumbre y la toma de conciencia de lo que conoce o aprende en la toma de conciencia.

### *Formación Universitaria desde la Auto-ecoformación*

El concepto de autoformación va ligado al interés e intención del estudiante por saber más de su carrera profesional, pero se concreta a través de un proceso autodidáctico, donde va emprendiendo actividades de búsqueda intencionada sobre temas que son de su interés, para que esto pueda darse es imprescindible el esfuerzo personal y nivel de disciplina, así como la motivación sin ella difícilmente el estudiante puede lograr captar la atención necesaria,  otro aspecto relevante es la tecnología la cual tiene mucho que aportar ya que hoy en día se puede encontrar con facilidad información a través de internet y la utilización de recursos tecnológicos en forma de aplicaciones.

La autoformación en el estudiante universitario involucra un proceso de concientización para optimizar su actitud, su cultura, su conocimiento, lo que lo ayudará a pensar mejor, esto le permitirá obtener conocimientos es decir saberes, habilidades en el saber hacer o realizar cambios en el aprender a ser.

El acto de aprender o de formarse implica una dialéctica entre la forma ya adquirida (saberes y experiencias memorizados) y el vacío de la apertura de lo desconocido. Actualmente el aprendizaje es muy a menudo reducido a su dimensión de acumulación de conocimientos, pero este no refleja las experiencias de transformación. El aprendizaje transformador es una dimensión transdisciplinaria y transpersonal que traspasa, a través de y más allá de lo conocido, sin ello el conocimiento se reduce a la acumulación de conocimientos y al condicionamiento.

Formarse es un proceso de aptitud del individuo, autoformarse es un proceso de revisar conceptos o principios, entonces hablar de autoformación es referirse a un proceso dinámico y flexible, que le permite al estudiante centrarse en los temas que más le gustan  o interesan, para autoformarse no hay límites geográficos, ni de tiempo, quien desea aprender, aprende; las aulas virtuales, el internet, la educación a distancia son instancias y medios integradores, donde el docente o el estudiante comprometido se autoforma.

La autoformación combina tres dimensiones: una dimensión teórica de la articulación de la experiencia de vida con los saberes formales, una práctica de concientización de los patrones en el flujo de la acción y una ética de resonancias entre las formas del medio y las formas simbólicas personales. El movimiento de conciencia y de retroacción toma así formas diferentes según las dimensiones de la autoformación.

Otro punto de vista sobre el concepto de autoformación es el de Sarramona (2009) que la concibe como un proceso individual puesto que la iniciativa y gestión del aprendizaje está en manos del propio sujeto que aprende. Es decir que el estudiante construye sus propios criterios, los cuales le guiaran en la toma de decisiones, en el planteamiento de problemas y en la construcción de respuestas a sus problemas y situaciones. Con referencia a la ecoformación López Rosa (2012) plantea que la ecoformación es un proceso de formación considerando la inclusión de lo personal con la sociedad y la naturaleza, trata de la relación del ser humano con el medio ambiente.

Desde este punto de vista la ecoformación cobra importancia, debido a que evidencia la necesidad de crear espacios educativos que vinculen al hombre y la naturaleza en un sistema integrado donde sus acciones pueden modificar negativa o positivamente el entorno, un proceso de formación considerando la inclusión de lo personal con la sociedad y la naturaleza, donde la relación del ser humano con el medio ambiente esta caracteriza por vínculos interactivos con la sociedad,  el entorno y una visión de vida sustentable donde se valora el ambiente y se guía a la sociedad a conservar la integridad y diversidad ambiental.

Por otra parte, Galicia (1996) expresa que la ecoformación se puede concebir como un proceso centrado en el pensamiento de sistema, que propicia un cambio de racionalidad que va de un pensamiento fragmentado y lineal a uno holístico y orgánico, donde concibe el sistema educativo como una comunidad ecosistémica de aprendizaje continuo.

La cita anterior se relaciona con la necesidad de una nueva visión de la realidad, una forma de pensar y valorar, que propicie una sociedad que contemple la transciplinariedad lo que permitirá cambiar el reduccionismo por un conocimiento integral, sistémico y ecológico como base para la educación ecoformadora.

Existe una relación dialéctica entre autoformación y ecoformación donde ningún proceso es menos importante que el otro, sin embargo, los estudiantes universitarios que han experimentado procesos de ecoformación están mejor preparados para responder a los desafíos de la sociedad de hoy. Al respecto para Torre, Pujol y Sanz (2007), afirman que

> La ecoformación es una manera de buscar el crecimiento interior a partir de la interacción multisensorial con el medio humano y natural, de forma armónica, integradora y axiológica. No es exclusivamente educación ambiental, sino una interacción entre la educación para el entorno, el

desarrollo económico y el progreso social. (Nancy Chapardy y Loyda García, 2012).

Es decir, estamos frente a un proceso complejo en el cual el estudiante interactúa con su realidad y con otras personas de su contexto, como los compañeros de clases, familia, amigos, docente y con el mismo, estos aprendizajes van a estar afectados por el contexto social que se genera con el ambiente, la tecnología, la cultura y la educación, esta interacción estará determinada por su conjunto de valores y su visión del mundo.

El mundo actual debe ser capaz de resolver problemas complejos, por lo tanto, se requiere egresar de las universidades ciudadanos que puedan pensar con complejidad, la ecoformación facilita que estos profesionales actúen con asertividad, trabajando en equipos transdisciplinarios en la solución de múltiples problemáticas de la sociedad.

Es por ello que en las universidades la ecoformación implica que los docentes promuevan en los estudiantes que constantemente estén cotejando sus aprendizajes con la realidad en la cual viven, a través de trabajos prácticos en la localidad donde habitan o en empresas o instituciones adonde posiblemente pudiesen trabajar después de estar graduados, esto facilitara su comprensión sobre los desafíos y retos de una sociedad compleja.

Entonces la ecoformación se constituye en una oportunidad para desarrollar el pensamiento complejo, debido a que la autoformación es un proceso individual, la ecoformación es por una parte individual, por otro colectivo pero que trasciende ya que sale del ámbito académico y se contacta con la realidad concreta que necesita mejorarse, es decir un aprendizaje con sentido de realidad y de utilidad.

Lo expuesto anteriormente deja claro que la educación universitaria debe ser abordada desde un pensamiento complejo, partiendo de la transdisciplinariedad, la cual según Balza (2010) supone superar los linderos estructurales y estructurados de todo conocimiento, así como ampliar la carga semántica que separa una disciplina de otra (p84). Esta postura produce una ecologización de la formación, debido a que esta visión compleja contempla la interacción ente el hombre y el medio ambiente, existe en la actualidad una inadecuación entre los saberes, se encuentran desarticulados y divididos, se hace necesario entonces la pertinencia del conocimiento, a través de la conexión con el contexto, con lo global, lo multidimensional y lo complejo.

La educación como fuente de conocimiento precisa trasladar lo fraccionario a lo complejo, creándose nuevos parámetros, la ecoformación es una alternativa para superar la forma de pensar que coloca al hombre fuera de la naturaleza.

La ecoformación contempla conceptos de la transdisciplinariedad como son la conciencia y la ética, es por ello por lo que se introduce la preocupación medioambiental como una dimensión ética en la producción de los saberes que reconoce los múltiples niveles de la realidad tanto personal como social y ecológica, pero además práctica y teórica.

Todas las cosas que existen en el mundo están referidas a la realidad y la conciencia, de esta manera lo transdisciplinar constituye una opción epistemológica para propiciar la ecoformación de los estudiantes, donde se hace necesario fomentar aptitudes y actitudes para la comprensión de la relación existente entre el hombre, su cultura y su medio físico a través de la formación de ciudadanos conscientes de su entorno.

Es necesario formar a los estudiantes a partir de la ecoformación conociendo los principios que rigen los sistemas ecológicos para que de esta manera la conceptualización de ecoformación comprenda la transformación de la realidad a partir de las concepciones ambientales.

Para Leff (2010) la racionalidad ambiental "incluye nuevos principios teóricos y nuevos medios instrumentales para reorientar las formas de manejo productivo de la naturaleza" (p.252).

No es posible perder de vista los costos ecológicos del crecimiento económico, la explotación de los recursos no debe perjudicar a la regeneración del ecosistema, de aquí la importancia de que los universitarios egresados, que serán los encargados de liderizar las organizaciones estén alienados con formas productivas que permitan el desarrollo sostenible, donde exista un desarrollo presente, pero sin comprometer el futuro, donde debe existir simultáneamente un desarrollo económico, la protección del medio ambiente y la sociedad.

Finalmente, a través de la ecoformación la cual tiene como objetivos formar ciudadanos conscientes de su entorno, se pueden llegar a crear aptitudes y actitudes para comprender la estrecha relación que existe entre el hombre, su cultura y su medio físico.

Briones (2011), señala que, el estudiante debe reflexionar acerca de ser humano, en relación consigo mismo, con la sociedad y con el planeta, plantea que la educación debe constituirse como plataforma de cambio, debido al rol esencial que juega en los procesos de transformación de la sociedad, desde esta necesidad se centra la atención en comprender las practicas didácticas ecoformativas.

Para Briones (2011) "se hace imperativo apartarse de las practicas orientadas con viejos paradigmas que bloquean el fluir natural de la multidimensionalidad del ser humano".

Con ello se pretende dejar atrás la formación de aprendizajes de contenidos, descontextualizados y ajenos a lo que pasa fuera del recinto universitario. Se requiere realizar un cambio perceptivo asociado a un abordaje teórico a partir del paradigma ecosistémico, en vías de lograr la transformación para mejorar lo personal, lo social y natural, pasando entonces del saber a las realidades del ser y el hacer.

Una perspectiva diferente de ver el proceso de aprendizaje desde la ecoformación, de conocer características asociadas a la práctica ecoformativa, en las que el docente debe crear y facilitar escenarios ecoformativos. Esta visión se ha constituido en un hilo conductor fundamental, desde el enfoque complejo dialógico se aportan significativos elementos para caracterizar el proceso de transformación universitaria.

Igualmente, Camacho (2010 bajo el paradigma postpositivista, recalca que el enfoque es cualitativo por tratarse de una realidad heterogénea y cambiante se plantea desde la perspectiva fenomenológica y hermenéutica, con un carácter prospectivo, dado que implica la formación de un nuevo ciudadano comprometido con el desarrollo sustentable de la humanidad, que vive en armonía ecológica, consciente de su dimensión individual, social y de especie, integrante de un planeta.

Es necesario reconocer a la universidad como un espacio privilegiado, transformador, a través del cual se encuentra enmarcada la formación integral del ciudadano, en la cual debe ser esencial la condición humana, como sujeto de la educación, conforme a la sociedad contemporánea.

Es importante constituir un eje transversal, en el currículo universitario formal y oculto con la educación ciudadana, parte importante en el desarrollo integral del estudiante, donde es imperativo desarrollar comportamientos solidarios basados en una identificación con la comunidad, a través de la educación se puede fomentar la formación de valores éticos y morales que tienen como consecuencia la transformación en la manera de pensar, actuar y sentir del ciudadano, solo de esta manera se logra construir una sociedad basada en el respeto propio y hacia los demás, lo que facilita el desarrollo de la autoestima personal,  fortalece los planes de vida y toma de decisiones con análisis crítico y responsable.

La experiencia contemporánea de pluralidad de interpretaciones, paradigmas científicos, estilos de arte, juegos de lenguaje, culturas, entre otras, que no sólo conviven, sino que se entrecruzan e influyen recíprocamente, conduce a plantear más que una legitimación paralógica del conocimiento y del pensar, el reconocimiento de la configuración 'interlógica' es decir, constituyéndose con el aporte de todos ellos de un horizonte de inteligibilidad y de una racionalidad correspondiente.

Se habla de 'reconocimiento' en cuanto se trata de asumir, a través de una hermenéutica de vía larga lo que de hecho se da en la historia de la humanidad, hecha por todos sus protagonistas hombres, pueblos, formas de vida; en tanto reconocimiento, es una tarea de verdad y de justicia, de acogimiento, discernimiento y creatividad, y por lo tanto también de educación.

### *La Educación Humanista*

Las orientaciones Sociológicas y filosóficas en la educación humanista están centradas en el ser humano como ser social y como características tiene que es liberadora, integral, permanente, democrática, con equidad y calidad, participativa y humanista. al respecto Martínez (2009) define a la educación humanista como:

> Aquella en la cual todas las facetas del proceso de desarrollo humano dan un énfasis especial a las siguientes realidades: unicidad de cada ser humano, tendencia natural hacia su autorrealización, libertad y autodeterminación, integración de los aspectos cognoscitivos con el área afectiva, conciencia y apertura solidaria con los demás seres humanos, capacidad de originalidad y creatividad, y jerarquía de valores y dignidad personales.

Si bien es cierto que lo anterior debe ser desarrollado durante toda la vida escolar de un estudiante, en el nivel universitario los docentes encargados de impartir el conocimiento, deben no ser unos simples dadores de contenidos, existe el compromiso de continuar con la educación humanista, que es lo que garantiza que ese próximo profesional cuente con las herramientas requeridas para ser un ciudadano que realmente contribuya con un  desarrollo sustentable que es lo que necesitan las naciones hoy en día.

Para ello debe el docente contemplar en su día a día de las aulas de clases. una posición que constantemente refuerce en el estudiante un apego a todo lo humano, procurar el desarrollo de lo personal, promover la importancia del área afectiva, así como la búsqueda hacia una conducta creadora y de autorrealización, además, es vital promover los valores como estructura básica y ser modelo a seguir para los egresados.

# MOMENTO III

## SIGUIENDO UN CAMINO PARA LOGRAR LAS RESPUESTAS

*La ciencia será siempre una búsqueda, jamás un descubrimiento real. Es un viaje, nunca una llegada.*

Karl Popper

**MOMENTO III**

## SIGUIENDO UN CAMINO PARA LOGRAR LAS RESPUESTAS

Para hablar de educación universitaria en el siglo XXI es indispensable dejar atrás lo planteado por diversas teorías educativas que tenían como punto en común un pensamiento lineal, reduccionista de la ciencia y construcción del conocimiento, con el cual no se da respuesta a los problemas de la sociedad actual, es indispensable ubicarse en el pensamiento complejo, una nueva forma de visualizar la realidad. "Se trata pues de comprender un pensamiento que separa y que reduce junto con un pensamiento que distingue y que enlaza" (Morin 2000).

En función a lo expresado, entonces se puede decir que es acertado analizar la formación universitaria desde la complejidad para observarla en sus múltiples dimensiones y en toda su complejidad, es necesario obtener respuestas sobre ¿Cómo es la formación universitaria? Desde este enfoque la formación o ""aprendizaje universitario debe entenderse como un proceso complejo, multidimensional, dialógico, recursivo y hologramático del estudiante dentro de un contexto y ambiente de aprendizaje" (Morin, 1988).

Dejando en el pasado la división del conocimiento a través de la separación de las disciplinas, se impone para lograr la transformación educativa una óptica desde la transdisciplinariedad, existe una incongruencia entre los saberes, estos se encuentran desarticulados y divididos, es por ello por lo que es necesario adecuarlos a través de la conexión con el contexto, lo global, lo multidimensional y lo complejo.

Es imperativo considerar los conceptos de la conciencia, la ética y la transdisciplinariedad, donde el estudiante dirige su formación hacia la creación de sus capacidades y competencias para conseguir un equilibrio entre el hombre y su interacción con la naturaleza. Se introduce la preocupación medioambiental como una dimensión ética, con niveles de realidad como lo personal, social, ecológico, pero, además, practica, teórica y ética.

Dentro de una formación interactiva con el medio social y la naturaleza, expresada en valores, teorías y estrategias que se desencadenan del enfoque ecosistémico.

La formación integral del ser humano se evidencia a través de su relación con el mundo (ecoformación), con los otros (coformación) y consigo mismo (autoformación), esto obliga a contar con universidades donde el saber se proyecte más allá de los límites de la experiencia entrecruzando lo personal con lo social, con lo ambiental, replanteándose entonces, cuáles son los conocimientos necesarios para formar el ciudadano integral que se requiere en la actualidad.

Lo expresado permite evidenciar algunas respuestas vistas desde diferentes dimensiones expuestas a continuación:

***Dimensión Ontológica***

Constituida por la visión del estudiante universitario, haciendo referencia a la comprensión genérica e interpretación de lo que significa ser humano, para el paradigma complejo, el hombre es un ser complejo y contradictorio es a la vez físico, biológico, psíquico, cultural, social, histórico y forma parte de su esencia la experiencia, las emociones y sentimientos, lo lógico y lo racional, así como lo irracional.

Esta concepción de lo humano es un punto de partida importante para poder comprender al estudiante universitario, en todas sus dimensiones que lo hacen tener una forma particular a otros estudiantes, con sus valores y creencias particulares producto del contexto donde interactúa.

A este ser humano se le exige que cuente con características como la de aprender para la vida y enfrentar los retos del mercado laboral a través de la posesión de criterios de juicios y valores determinantes como fuentes inspiradoras de modelos de vida con una relación de autoformación consigo mismo y de ecoformación con el mundo.

### Dimensión Axiológica

Es el análisis crítico y reflexivo de la contextualización de las diversas dimensiones presentes en los estudiantes universitarios, llevar a la práctica los valores e ideales, la ética y la moral, no es solo evaluar los perfiles intrínsecos de los estudiantes universitarios, sino además proponer el conocimiento en la justa medida requerida para el diseño de la participación ciudadana y el desarrollo endógeno que se desea construir.

### Dimensión Gnoseológica

El estudiante universitario como un ser humano, en el que existe una interdependencia entre sujeto y objeto los cuales son inseparables y constituyen uno al otro. Se da una dialógica-intersubjetiva. El conocimiento generado será producto de un intercambio ya que el contexto se afecta por los sujetos inmersos en el proceso educativo de la universidad y los sujetos se afectan por el contexto.

*Dimensión Teleológica*

Al generar ideas para mejorar la calidad educativa a través de una hermenéusis del proceso socio cognitivo y la preferencia de los estudiantes universitarios con referencia a la autoecoformación ya que la ecoformación es un instrumento para lograr el pensamiento complejo, este estilo de pensamiento es el necesario para lograr cumplir con el ciudadano integral.

*Dimensión Epistémica*

El fundamento epistemológico está en el pensamiento complejo en donde la existe un dialogo con la realidad, abierta y flexible, la cual es indeterminada, incompleta, inacabada, multireferencial y diversa, cuanta con los principios biológicos, hologramáticos y recursividad.

A través del pensamiento complejo, se explorarán las relaciones entre los estudiantes, con sus compañeros, docentes y comunidad, con una racionalidad configuracional y una relación sujeto objeto, dialógica a través del principio de complementación de momentos cuantitativos y cualitativos, lo que permite que producto de la interpretación de varias disciplinas pueda existir una integración que extiende y trasciende el conocimiento hasta la construcción de uno nuevo.

Al respecto, Bericat (1998), expone que es conveniente la superación de la dicotomía metodológica porque ella empobrece la investigación social al impedir la aplicación de todos los instrumentos que sean necesarios en un proceso investigativo. (p 86).

Para obtener la información es necesario que las técnicas estén acordes con lo que se está investigando, es posible combinar orientaciones cualitativas y cuantitativas en el marco de un estudio único, para ello se requiere una desconstrucción metodológica de las aproximaciones, es decir integrar perspectivas de observación, lo que permitirá mayor flexibilidad en la caracterización del objeto de estudio.

Bericat (1998) propone como estrategia la complementación "cuando en el marco de un mismo estudio, se obtienen dos imágenes, una procedente de métodos de orientación cualitativa y otra de métodos de orientación cuantitativa". El informe debe tener dos partes con los resultados y combinar es decir integrar subsidiariamente un método en otro con la estrategia de triangulación.

# MOMENTO IV
## CONSTRUYENDO LA TEORÍA

*"Kleist tiene mucha razón: "El saber no nos hace mejores ni más felices", pero la educación puede ayudar a ser mejor y si no más feliz, enseñarnos a asumir la parte prosaica y a vivir la parte poética de nuestras vidas".*

**Edgar Morin**

# MOMENTO IV
## CONSTRUYENDO LA TEORÍA

Partiendo de una conceptualización de lo que significa para la autora la manifestación de la formación integral del ser humano a través de sí mismo con la autoformación, hablar de autoformación no se refiere solo a la preferencia de unos métodos de aprendizajes donde el estudiante elige un desarrollo autodidáctico intencional, involucra además un proceso de concientización para mejorar la actitud, la cultura, la capacidad de comprensión y análisis.

Por otra parte la eco-formación trata de la relación del ser humano con el ambiente, el estudiante al formarse comprende la relación de lo personal con la sociedad y la naturaleza, pero a la vez busca el crecimiento interior a partir de la interacción con lo humano y natural, de una manera armónica, integradora y axiológica, entonces la eco-formación no es exclusivamente educacional ambiental, sino una interacción entre la educación para el entorno, el desarrollo económico y el progreso social. Estas conceptualizaciones están a su vez abarcadas, relacionadas y vinculadas.

La eco-formación se inscribe en el concepto más amplio de formación tripolar enunciado por Rousseau. "Tres maestros dirigen nuestra educación: los demás (entorno social), las cosas (entorno artificial y entorno físico o natural) y nuestra propia naturaleza personal, tres líneas formativas que participan a lo largo de la vida". Ahora bien, contar con estudiantes que manejen un proceso de formación con tendencias hacia la eco-formación facilita internalizar en ellos el pensamiento complejo como unidad de desarrollo intelectual que rompa con el pensamiento reduccionista el cual ha demostrado no ser efectivo para resolver los problemas de la actualidad que por ser complejos requieren la capacidad de ver todos los aspectos en forma hologramática, dialógica y recursiva.

La visión teleológica de la construcción teórica que se pretende construir sobre la formación del estudiante universitario, contempla la transcomplejidad como andamiaje teórico a la luz del pensamiento complejo, muchas teorías se han desarrollado enfocadas en diversos paradigmas, sin olvidar la visión lineal y reduccionista de la ciencia y la construcción del conocimiento, la transcomplejidad es una propuesta de transformación educativa que se basa en la visión paradigmática de la complejidad y la transdisciplinariedad.

Pretende responder al planteamiento de lineamientos para un manejo reflexivo complejo y transdisciplinar aplicado a ejes concretos como: el currículo complejo, didáctica compleja y transdisciplinar, complejización educativa, evaluación de la complejización, metacomplejidad, planteamiento de investigación transdisciplinar en la educación, bucles educativos y el desarrollo de sus fundamentos epistémicos y filosóficos en el paradigma emergente.

La transcomplejidad es una vinculación entre el pensamiento complejo y la transdisciplinariedad, es decir busca lo que está entre, a través y más allá de las disciplinas mismas.

## Auto-Ecoformación Prospectiva Transcompleja

A la aproximación teórica resultante de la oralidad con los actores que hacen vida en la universidad, quise denominarla auto-ecoformación prospectiva transcompleja, motivado a que mi propósito es promover una reflexión sobre la importancia de la auto-ecoformación desde el pensamiento complejo, considerando la multidimensional del contexto, donde observo una universidad atrasada con relación a la forma de buscar el conocimiento, aun se observa un trato lineal reduccionista de ver la formación, la percibo convertida en un simple recinto transmisor de conocimientos, donde la investigación cada día está mermando, inclusive existe un desfase entre lo contemplado en las políticas educativas y lo que requiere el mercado laboral.

Se han realizado importantes avances en lo referente a la inclusión lo que ha dado pie a la masificación de la matrícula, sin embargo, es imperito hacer la siguiente pregunta: ¿están formando la universidad al ciudadano integral que las naciones requieren?

Para llegar a una respuesta es imperioso hablar de prospectiva, parece contradictorio cuando tengo como base el pensamiento complejo, justamente Morin (2002) expresa:

> El conocimiento de la historia tiene que servirnos no solo para reconocer las características al mismo tiempo determinadas y aleatorias del destino humano, sino para abrirnos hacia la incertidumbre del futuro, por lo tanto, hay que preparase para nuestro mundo incierto y esperar lo inesperado (p. 65).

En consecuencia con lo planteado el hecho de la existencia de un futuro  incierto no quiere decir, que no se debe buscar el más deseado, en este caso el desarrollo sustentable y la preservación del planeta, para ello debe existir una actitud prospectiva, es decir una mente abierta hacia la problemática del porvenir, es necesario destacar aquí que a diferencia de otras aproximaciones al futuro (pronóstico, previsión, preferencia, etc.), la trayectoria de la prospectiva viene del porvenir hacia el presente, rebasando la proyección exclusiva de tendencias, para diseñar y construir alternativas que permitan un acercamiento progresivo al futuro deseado.

Se requiere primero un acto imaginativo y de creación, luego una toma de conciencia, una reflexión sobre el contexto actual, por último, un proceso de articulación y convergencia de las expectativas, deseos, intereses y capacidad de la sociedad para alcanzar ese porvenir que se perfila como deseable.

Ahora bien, cualquiera que sea la forma en que se defina la prospectiva, es imprescindible destacar su carácter creativo, el elemento del cambio y trasformación que encierra, sobre todo, la opción que nos presenta para asumir una actitud activa hacia el mañana, a través de la oportunidad que está presente en la formación de los jóvenes universitarios.

De esta manera mi aproximación teórica es significativa en la medida que intenta la construcción de un espíteme a través de la auto-ecoformación para preparar un camino hacia el futuro, deseable y posible a través de políticas educativas en materia universitaria, que impulsen el diseño de un futuro, es decir propulsor de acciones y alternativas, con elementos cónsonos al proceso de planeación y a la toma de decisiones.

Con referencia al propósito de visualizar los constructos teóricos que permiten la reconceptualización de la auto-ecoformación estudiantil en el contexto universitario, estos fueron plasmados en la aproximación teórica propuesta denominada, Auto-Ecoformación Prospectiva Transcompleja, construida en base a macro-categorías tales como el Eco-líder formador, Eco-reflexión del conocimiento la Eco-formación liberadora. y el Eco-contexto Educativo.

Quiero dejar claro que estas macro-categorías de manera alguna dividen esta visión epistémica, ya que el estudio está inserto en las propiedades de lo dialógico, recursivo y hologramático.

A continuación, se presenta la interrelación entre las macro-categorías y categorías que se generaron en el discurso, las cuales dan origen a la aproximación teórica, los aportes se construyen producto de la interpretación de los hallazgos.

**Ilustración de la Aproximación Teórica**

## Eco-Líder Formador

El docente debe tener presente en su función como líder del proceso lo ilustrado a continuación;

En primer lugar, debe reconocer que el aprendizaje universitario implica una estructura dinámica o sistémica compleja, el significado de cada componente del sistema (conocimiento, estudiante, docente, estrategias, medios didácticos, contexto y ambiente de aprendizaje) es interrelacionado e interconectado. El proceso solo puede ser entendido en forma integrada.

En segundo lugar debe utilizar el currículo transcomplejo, es decir abordar la realidad desde el establecimiento de estrategias y no de programas, el diseño tradicional del currículo se ha dado mediante el establecimiento de programas de estudios rígidos con un conjunto de acciones que deben ser ejecutadas sin variación, lo que trae como consecuencia que en la práctica los programas curriculares tienden a bloquearse en la medida que pasa el tiempo, no tienen condiciones para afrontar los cambios y las incertidumbres propias del contexto y de todo proceso educativo.

Existe en la actualidad una tendencia donde la malla curricular se diseña para permitir que el estudiante avance en la carrera con las mínimas prelaciones posibles, lo cual lo favorece en relación con el tiempo que necesita para culminar la carrera, pero muchas veces los educandos, no cuentan con las competencias requeridas para lograr los aprendizajes significativos.

Para solucionar estas lagunas, el docente debe internalizar que las estrategias constituyen un aspecto determinante en la eco-reflexión del conocimiento, ellas integran un conjunto de pasos para cumplir unos determinados objetivos, que tienen como base el análisis de las certidumbres e incertidumbres de los escenarios donde se aspira a ejecutarlos. A medida que se van poniendo en práctica es primordial ir modificándolas en función a la efectividad que demuestren.

En preponderancia con el pensamiento complejo ya no se puede hablar de proceso de aprendizaje como un sistema simple, se debe visualizar no como un fin, si no como un proceso permanente donde el estudiante aprende, pero también desaprende y reaprende, esto hace que lo aprendido tenga varias maneras de pensarlo y reflexionarlo.

Un aspecto clave de la formación universitaria es poder hacer la conexión de la teoría que recibe el estudiante con la realidad del contexto donde se encuentra inmerso, para esto no bastara con estrategias innovadoras por parte del docente, es necesario propiciar competencias en el estudiante que favorezcan el análisis reflexivo.

En cuanto a la calidad educativa desde el docente, tiene mucho que ver con la relevancia, es decir, verificar las necesidades sociales y sus cambios procurando un tipo de educación adecuada para satisfacer a la sociedad, segundo la pertinencia entendida como coherencia entre los objetivos y las situaciones de aprendizaje y tercero eficiencia, es decir racionalidad económica y administrativa, así como el óptimo empleo de los recursos.

Partiendo de lo que significa un docente universitario desde el pensamiento complejo, no cabe duda en la necesidad de que debe existir un cambio en la manera de considerar, descubrir y valorar el proceso por parte del docente.

Este debe plantearse nuevos escenarios con referencia a su propio desarrollo personal, a la par con el de su especialización disciplinar, en la búsqueda de la calidad educativa.

Uno de los puntos más discutidos en la investigación que dio como resultado esta aproximación teórica, por docentes y estudiantes fue lo relacionado con la didáctica, su conceptualización se puede decir en cinco palabras "es el arte de enseñar" o definirla como una disciplina científico-pedagógica que tiene como objeto de estudio los procesos y elementos existentes en la enseñanza y el aprendizaje.

También otras personas la definen como la parte de la pedagogía que se ocupa de las técnicas y métodos de enseñanza.; es además una de las ciencias de la educación.

Ahora bien los profesores universitarios son en su mayoría profesionales de las distintas carreras donde imparten clases, pero no están formados en este aspecto  que pareciera tan fácil al describirlo con cinco palabras, pero que es inmensamente complejo, donde el acto didáctico está integrado por: los sujetos del proceso de formación, las interrelaciones donde de manera intersubjetiva convergen en el tiempo, el proceso investigativo, los contenidos de las asignaturas, objetivos, productos, intercambio de información, la incertidumbre, el diálogo de saberes, entre otros y el contexto que se incorpora dentro y fuera del aula.

El profesor universitario debe enfocarse entonces en capacitarse para poder ser capaz de promover una didáctica que favorezca un proceso de formación con tendencias hacia la auto-ecoformación, como construcción del pensamiento complejo en el estudiante.

Es responsabilidad del docente crear un ambiente de aula, que le permita al estudiante, partiendo de sus experiencias, visualizar, percibir y reflexionar para poder resolver los problemas que se le presenten.

Además, debe ser capaz de manejar sus emociones, donde el factor humano y la comunicación son obligadas para mantener la disciplina y de esta manera enfocar el proceso de formación integral, donde le corresponde convertirse en un docente líder del proceso, cumpliendo roles de mentor, motivador, facilitador, orientador y guía, esto no es posible si el docente no tiene responsabilidad y compromiso con la búsqueda de la excelencia y la calidad educativa.

## Eco-Reflexión del Conocimiento

Tan fundamental es este concepto que es sumamente difícil explicarlo, hoy en día la ciencia habla de cognición o actividades cognitivas como un conjunto de acciones y relaciones complejas dentro de un sistema complejo cuyo resultado es lo que se considera conocimiento.

El mundo actual obliga a pensar críticamente, nuevas formas de informar, comunicar y conocer, se hacen necesarias capacidades para la discriminación, la reflexión crítica, la toma de decisiones, la universidad debe proporcionar maneras de tratar el conocimiento desde esta perspectiva.

La realidad es que los procesos de comprensión acompañados con el análisis sobre   reflexión la mayoría de las veces no están presentes en los estudiantes, o muchas veces son inciertos, para subsanar esta situación los docentes deben entregar los contenidos de las asignaturas y estar constantemente promoviendo la reflexión de los contenidos, hasta lograr que los educandos tengan como hábito este ejercicio.

Sucede frecuentemente que los conocimientos previos que tienen los estudiantes son deficientes y esto genera que en la medida en que van avanzando en la carrera y los niveles de exigencia van en aumento, al no poseer las competencias se imposibilita continuar adquiriendo la formación requerida para el nivel que está cursando. El docente debe guiar al educando para que a través de la autoformación pueda llegar a nivelarse y de esta manera lograr la metacognición.

Aunque un estudiante tenga mucho interés mucho deseo de mantenerse en la universidad, hay una serie de factores inherentes a la persona que al tener problemas tarde o temprano no va a conservar el rendimiento necesario para continuar en la carrera.

En este momento es cuando la reflexión del conocimiento integral. compuesto no solo de los contenidos de las asignaturas, sino además del acompañamiento constante en la formación del perfil axiológico, será determinante para evitar la deserción estudiantil, que a veces puede manifestarse parcial o definitiva.

Otro aspecto del conocimiento es el hecho de que los estudiantes no hacen la conexión entre las materias que van cursando, la correlación de la información que fue adquirida en semestres anteriores no la manejan, no hacen la asociación, mucho menos logran ensamblar el conocimiento con la realidad, con la práctica cotidiana.

Este proceso no debe ser forzado, ya que cada ser humano tiene su forma y tiempos para comprender y llegar a la reflexión que le permita un conocimiento significativo, se deben plantear interrogantes a los educandos para que a través de la búsqueda de la información puedan, en función a sus tiempos ir construyendo las respuestas.

El verdadero aprendizaje es lento, requiere de un modelo educativo que proyecte evolución en el proceso enseñanza-aprendizaje, requiere niveles de atención y procesos profundos que apunten a un aprendizaje significativo, con sentido de realidad y utilidad, es importante conocer cuál es el modo preferido de aprender de los estudiantes para adecuar las estrategias a esta realidad

## Eco-Formación Liberadora

Aquí me refiero a la formación en la cual esta mayormente involucrado uno de los componentes de la educación universitaria el cual es el estudiante, para Morin (1990) es un ser sujeto auto-eco-organizador y autónomo esto quiere decir que es producto y productor de conocimiento en interacción con el ambiente, integrado por dimensiones biológicas, afectivas, cognitivas, sociales, éticas, valorativas, espirituales y físicas.

Los aspectos inmersos en la macro-categoría no se pueden parcializar forman un todo dónde existe una dialógica, es decir una asociación compleja de instancias (complementarias, concurrentes y antagónicas).

En esta interacción dialógica y recursiva la eco-formación requiere de un estudiante con motivación al logro, es crucial para obtener los objetivos y tareas planteadas, lograr potenciar su autoestima muchas veces es la diferencia entre éxito o no en los estudios.

La actitud hacia el aprendizaje sin duda es un estado mental de disposición que ejerce una influencia sobre la conducta, cuando la actitud es negativa puede llegar a producirse la deserción estudiantil, el abandono involuntario es una forma de hacer frente a la falta de congruencia entre el estudiante y el contexto educativo.

La deserción estudiantil siempre ha sido un tema controversial y complejo, para comprenderlo debe ser analizado desde distintas posturas, teóricas y metodológicas que permitan visualizarlo, por ejemplo la Teoría de Durkeim del individuo en el contexto social, económico, cultural y organizacional, considera a la deserción como una insuficiente unificación del estudiante con los ambientes intelectuales y sociales, existe un desequilibrio entre sus necesidades y las satisfacciones que este encuentra, así como una discrepancia entre las expectativas y los logros alcanzados y un desajuste entre los tipos de personalidad y los tipos de ambientes presentes en la universidad.

La interacción social con los compañeros puede tanto aumentar la persistencia en los estudios como contribuir al abandono, la integración social insuficiente lleva a la deserción voluntaria, si los miembros con los que se asocia no tienen inclinación por el éxito académico, existe una tendencia hacia la baja en el rendimiento.

La autoimagen del estudiante es determinante, los alumnos que fracasan desarrollan actitudes de auto-desvaloración, la incongruencia proviene de las percepciones personales de no encajar o de sentirse ajeno a la estructura social e intelectual.

La teoría psicológica, sostiene que la conducta de los estudiantes es ante todo un reflejo de atributos que describen las características psicológicas de cada individuo, entonces la deserción estudiantil sería una consecuencia inmediata de un mal ajuste. El extremo opuesto a las teorías psicológicas lo representan las ambientales que ponen el énfasis en el impacto que tienen sobre la conducta de los estudiantes las fuerzas sociales y económicas, otras teorías societales consideran que el éxito o fracaso es moldeado por el éxito social en general, estatus social, prestigio institucional y oportunidades.

Las organizacionales centran la atención de la deserción estudiantil, sobre los efectos de las instituciones en función al impacto que tiene la organización sobre la socialización y la satisfacción del estudiante, las interacciónales hablan sobre el reflejo de la interacción dinámica que se da entre el ambiente y los individuos.

Ahora bien, el estudiante por encontrarse en la conformación de la identidad personal tiene como fenómeno central su desarrollo, donde existe un conjunto de influencias sociales y familiares que repercuten psicológicamente en su bienestar, pues el contacto diario con el sistema familiar y educativo influye en la manera en que el individuo se relaciona con el mundo externo.

La aceptación y la tolerancia, el respeto e interés que se le muestre, son de gran importancia para el desarrollo emocional, debido a que en oportunidades sentirá que nada de lo qué ha aprendido lo hace bien; llegando a presentar una identidad confusa y hasta alcanzando a padecer una psicopatología.

No obstante, su pensamiento abstracto lo conduce a la construcción de su propio sistema de valores adecuado para enfrentarse a las demandas presentes y futuras, estas demandas tanto sociales como intelectuales se cumplen de acuerdo con el logro o la ausencia de identidad. Las actitudes negativas hacia los profesores, asignaturas o institución no solo repercuten en el bajo rendimiento, sino que son los síntomas de la deserción estudiantil.

Con referencia al desarrollo cognitivo teniendo presente que se rige por procedimientos intelectuales y las conductas que emanan de estos procesos, entonces será una consecuencia de la voluntad de los estudiantes por entender la realidad, el ambiente y la capacidad de adaptarse no solo al entorno educativo, sino además al contexto en general.

En otras palabras, el desarrollo cognitivo tiene inmersos procesos mentales tales como la percepción, atención, comprensión, memoria, conciencia y lenguaje que se entremezclan a la vez con la motivación, el razonamiento y el aprendizaje.

Cada persona es diferente, los estudiantes como todo ser humano, presentan múltiples dimensiones (biológica, afectiva, espiritual, cognitiva, reflexiva, social, física, ética y cultural) que intervienen en el proceso de aprendizaje. Cada una de ellas tiene su propia existencia, son independientes, libres, dinámicas, pero están interconectadas (Morín 2000).

Entonces en estos procesos el estudiante debe ser el protagonista principal y gestor de su aprendizaje en el aula universitaria con la ayuda y guía del docente, debe además conocer los desafíos o retos que le presenta su contexto, realizar diagnósticos, analizar teorías para que de esta manera, pueda proponer soluciones, esto solo es posible a través de la formación integral del estudiante universitario, una formación primeramente del ser humano pero a través de su relación con el mundo con las otras personas consigo mismo y con su conciencia.

# Eco-Contexto Educativo

Es indiscutible que la formación del estudiante universitario está afectada por el contexto en el cual está inmerso. La formación en la universidad es un proceso complejo e integrador que implica la interrelación del estudiante con el conocimiento, el docente, las estrategias de aprendizaje, dentro de un contexto y ambiente de aula, si existen deficiencias en alguno de los factores seguramente se verá afectado el proceso de formación integral del estudiante.

Muchos educandos en la actualidad se caracterizan por tener pocas posibilidades económicas y familias disfuncionales, lo que origina un entorno familiar, económico, social que se corresponde con un estilo de vida donde las carencias son muchas veces abundantes, luego tenemos el contexto funcional educativo de la nación y de la propia universidad, que pasa a formar parte del entorno educativo general, donde es imprescindible el sentido de identificación y compromiso por parte del estudiante.

Por otra parte, está el ambiente de aula, allí se reflejan en el transcurrir de la socialización, las relaciones interpersonales entre los actores educativos, donde se evidencia la existencia o no de la solidaridad y el trabajo en equipo.

Lo que se observa en la realidad del proceso de aprendizaje, es que este se ve afectado por factores que inciden en el estilo de vida de los estudiantes, con referencia a la forma de interaccionar en el ambiente de aula, lo que evidencia falta de integración a la hora de asumir una responsabilidad, los grupos de estudio son muy limitados. existe poca solidaridad, hay mucha intriga muchas veces tiranía, divisiones entre grupos que discriminan a otros, cuando hacen trabajos en grupo, se molestan y se divorcian de los grupos, grupos que desaparecen.

Con referencia al entorno social, el lugar donde habitan los estudiantes y las situaciones precarias desde el punto de vista afectivo en el ámbito familiar, son muy influyente en el lenguaje, los procesos cognitivos, los procesos de análisis de interpretación y en el léxico.

Esto hace necesario comprender que, en el eco contexto educativo, existe un vínculo entre la persona, la sociedad y la naturaleza es necesario fomentar en la universidad actitudes y aptitudes vitales para comprender la estrecha relación entre el hombre, su cultura y su medio físico para formar ciudadanos conscientes de su entorno, la educación debe constituir una interacción para el entorno, desarrollo económico y progreso social.

La educación desde la eco-formación busca el análisis reflexivo para comprender el rol protagónico que le corresponde al egresado en la sociedad, razonando en el contexto que le corresponde. La injusticia social y la insostenibilidad ecológica presentes en la actualidad reclaman nuevas formas de sentir, valorar, pensar y actuar, se requiere contar con ciudadanos con valores éticos que construyan una vida digna en un entorno sustentable. La universidad está obligada hoy en día a integrarse con la comunidad, con responsabilidad social, del mismo modo esta forzada a trascender sus muros con la apertura a nuevas corrientes del pensamiento.

## Políticas Educativas

La educación universitaria debe plantearse principios rectores como que debe ser de calidad e innovación, promover el ejercicio del pensamiento crítico y reflexivo, colocar énfasis en la inclusión dando facilidades para todas las clases sociales.

Teniendo como norte un perfil de estudiante universitario integral que evidencie un equilibrio constante en el transcurrir de la vida universitaria y con un desarrollo ciudadano para transformar la realidad en beneficio de la sociedad, es necesario que la formación además de ser integral sea a lo largo de toda la vida, con pertinencia, democrática, liberadora, solidaria, con igualdad de condiciones y oportunidades.

Al observar algunas políticas educativas se evidencia un atraso con relación a la forma de buscar el conocimiento, aun se observa un trato lineal reduccionista de ver el aprendizaje, universidades convertidas en un simple recinto transmisor de conocimientos, donde la investigación cada día está mermando. Entonces es importante preguntarnos ¿Está formando la universidad al ciudadano integral que las naciones requieren?

En este sentido el estudiante integral que tiene que formar la universidad debe estar consonó con el enfoque humanista, integral, holístico y ecológico, estas características son las que requieren las naciones, es indispensable contar con ciudadanos que tengan las cualidades necesarias, las capacidades científicas y técnicas requeridas en la creación del modelo innovador, transformador, dinámico, y orientado a las potencialidades y capacidades.

La educación y el desarrollo de la ciencia y la tecnología son indispensables para lograr la construcción del siglo XXI, a través de ellas es que se pueden sentar las bases de ciudadanos comprometidos con la promoción de una hegemonía ética, moral y espiritual.

La educación universitaria juega un papel vital y prioritario en la independencia tecnológica de los países, para cumplir estos requerimientos, es significativa la investigación innovadora, transdisciplinaria y asociada con la estructura productiva de la nación, en la búsqueda de respuestas a problemas concretos de áreas estratégicas y prioritarias y el aprovechamiento de las potencialidades para lograr la transferencia de conocimientos que faciliten la soberanía tecnológica y el desarrollo sustentable.

Por otra parte, al estudiante debe dársele los conocimientos que contribuyan a la construcción de una cultura que facilite la preservación de la vida del planeta a través de la comprensión del modelo económico productivo  basado en la relación armónica entre el hombre y la naturaleza que garantice el uso y aprovechamiento racional y óptimo de los recursos naturales, respetando los procesos y ciclos de la naturaleza así como una conciencia planetaria sobre la contención de las causas y efectos del cambio climático.

## Reflexiones Finales

Al inicio de este libro me formulé algunos propósitos sobre los cuales deseo recapitular, el logro particular que conciben estas reflexiones está basado en la indagación plasmada en los momentos anteriores.

Con referencia a la orientación que tienen los estudiantes hacia la auto-ecoformación; los resultados reflejaron una tendencia a preferir las técnicas de estudio individuales, el uso de internet es de su predilección, no están llamados a formar grupos de trabajo, esta situación no es de extrañar si revisamos el estilo de vida que llevan los jóvenes hoy en día, donde el uso de las redes sociales forma parte de su cotidianidad.

Prefieren las imágenes sobre lo escrito y se está dando un fenómeno muy particular que tiene que ver con la posibilidad de contar con la información en tiempo real, así como el manejo del tiempo en relación al presente o el futuro los cuales se solapan entre ellos, esta nueva realidad de la información está creando en los educandos de hoy formas distintas de observar el contexto que los rodea.

Contradictoriamente este mismo fenómeno que muchas veces la aleja de las aulas de clases contribuye a acercarlos con la conciencia social y ecológica, ya que cuentan con mayor cantidad de informaciones sobre su entorno social y mundial. En tiempos anteriores era muy extraño, escuchar hablar sobre el cambio climático o la preservación del planeta, hoy en día desde que son niños están recibiendo esta información.

Con referencia al propósito de comprender el desarrollo social cognitivo del aprendizaje que observan los docentes en la auto-ecoformación de los estudiantes, las opiniones fueron dadas desde la óptica de los docentes, aquí quiero resaltar que este proceso cognitivo y la actitud del estudiante ante el proceso de formación se encuentra afectado en gran medida por el hecho de que los jóvenes no están enfocados realmente en su misión de vida, no se están dando espacios para la comprensión y la reflexión que les permita mejorar.

Existe un fenómeno bien trascendental que se está dando en los jóvenes hacia los docentes y es la desconfianza, está a mi manera de ver es producto de que sin generalizar existen algunos docentes que solo se limitan a dar los contenidos de las asignaturas y no visualizan las necesidades académicas e inclusive personales de sus estudiantes, solo están atentos de sus propias necesidades, sin considerar mejorar la comunicación, la motivación, apartándose a si de su rol de líder del proceso de formación.

Es imperativo capacitar a los docentes universitarios en nuevos paradigmas de formación que estén a la par con la forma de ver el conocimiento en el siglo XXI, al respecto Morín expresa "la universidad tiene una misión y una función trans-seculares, que, a través del presente, van del pasado hacia el futuro; tiene una misión transnacional que conserva a pesar de la tendencia al encierro nacionalista de las naciones modernas. Dispone de una autonomía que le permite llevar a cabo esta misión". A mi manera de ver esta es la verdadera autonomía universitaria, es decir la búsqueda en múltiples formas de diversos pensamientos.

Con respecto a la contextualización de las políticas educativas con el proceso de auto-ecoformación, es interesante hacer una reflexión sobre los principios rectores, con referencia a la inclusión esta se está cumpliendo, cada vez más jóvenes pueden tener acceso a la educación, así como la participación e igualdad de condiciones y oportunidades es algo que también se está trabajando.

Para llevar a cabo los procesos de auto-ecoformación, se requiere cambiar estructuras funcionales y organizativas, normas, procedimientos, que estén al servicio de lo académico, a veces se observa que lo administrativo tiene mayor relevancia, lo que trae como consecuencia que la academia se ha quedado atrasada con referencia al conocimiento.

Por último, con referencia a la visualización de los constructos teóricos que permiten la reconceptualización de la auto-ecoformación estudiantil en el contexto universitario, estos fueron desarrollados en la aproximación teórica propuesta denominada, Auto-Ecoformación Prospectiva Transcompleja, construida en base a macro-categorías tales como el Eco-líder formador, la Eco-reflexión del Conocimiento, la Eco-formación Liberadora y el Eco-contexto Educativo.

Como lo señale anteriormente en el desarrollo del libro, dada la importancia para comprender mi postura, es imperativo dejar claro que estas macro-categorías de manera alguna dividen esta visión epistémica, ya que el estudio está inserto en las propiedades de lo dialógico, recursivo y hologramático.

Mi sueño como docente es transitar con mis estudiantes por la metacognición, no perder de vista que lo importante no es una cabeza repleta si no una cabeza bien puesta y hacer uso de la auto-ecoformación como expresión de la transcomplejidad.

# REFERENCIAS

Ander, E. (1998). Educación y Prospectiva. Argentina: Magisterio del Río de la Plata.

Adam, F. (1984) Universidad y Educación de Adultos en Siete Visiones de la Educación de Adultos, Pazcuao, México.

Barrera, M. y Marcos, F. (2010) Sistematización de Experiencias y Generación de Teorías. Ediciones Quirón. Venezuela.

Bonvecchio, M. (2006). *Evaluación de los Aprendizajes.* (2a, ed.) Argentina: Ediciones Novedades Educativas.

Bowen, J. y Hobsen, P. (2008). *Teorías de la Educación.* México: Limusa.

Briones Claudia (2011) *Escenarios Ecoformativos en la Enseñanza Universitaria. Estudio de Caso.* Universidad de Barcelona. España

Camacho, R. (2011). *La Institución Universitaria, Imaginario para la Construcción de la Ciudadanía.* Universidad de Carabobo. Venezuela.

Corominas, F. (2006). *Educar en positivo.* (5a. ed.). Madrid: Palabra S.A.

Constitución de la República Bolivariana de Venezuela (1999). *Gaceta Oficial N° 5.453 de la República Bolivariana de Venezuela* (extraordinaria).

Chapardy, N., y García, L. (2012). *La Ecoformación como Mirada Transdisciplinar.* http://revista.upel.edu.ve/index.php/dialogica.

Ganem, P. y Ragasol, M. (2013). P*iaget y Vigotsky en el Aula. El Constructivismo como Alternativa de Trabajo en el Aula.* México: LIMUSA S.A.

González, Y. (2010). *Abordaje de la Metodología Cualitativa y la Investigación- Acción para la Transformación Social*. Caracas: Ediciones DABOSAN. C.A.

González, V. Juan, M. (2012). *Bases de la Teoría Educativa Transcompleja*. http://www.transcomplejidad.org/index.php/publicaciones/Art%C3%ADculos-sobre-Complejidad/Bases-Teor%C3%ADa-Educativa-Transcompleja/

Heller, M. (1998). *El Arte de Enseñar con Todo El Cerebro*. (3ª, ed).. Distribuidor Estudios. C.A.

Hernández, R., Fernández, C., y Baptista, P. (2010). *Metodología de la Investigación*. (5ª, ed). México: Mc Graw- Hill.

Hurtado de Barrera, J (2012). *Metodología de la Investigación*. (4ª.ed.). Caracas: CIEA SIPAL.

Leal, J. (2009). *La Autonomía del Sujeto Investigador y la Metodología de Investigación*. (2a. ed).

Lloyd, K. (1973). *Búsqueda Personal y Educación*. Argentina: Guadalupe.

López, R. (2013). Autoformación y Ecoformación en la Gestión del Conocimiento Universitario. *Emprendorismo y Estrategia Organizacional*, Nº 6 .Editorial Escuela Politécnica del Ejercito

Mager, R. (2003). *Motivar para una formación eficaz*. España: Epise. S.A.

Martínez M. (1999). *La Psicología Humanista. Un Nuevo Paradigma Psicológico*. México: Trillas.

Martínez, M. (2009). *Nuevos Paradigmas de la Investigación*. Venezuela: Alfa.

Martínez, M. (2010). *La Investigación Cualitativa Etnográfica*. (3a. ed).. México: Trillas.

Martínez, M. (2011). *Ciencia y Arte en la Metodología Cualitativa.* (2ª, ed.).México: Trillas.

Morín, E. (1999). *Los Siete Saberes Necesarios para la Educación del Futuro*. Medellín. UNESCO

Morín, E. (2000). L*a Mente Bien Ordenada, Repensar la Reforma, Reformar el Pensamiento*. España: Seix Banal.

Morín, E. (2002). *La Cabeza Bien Puesta, Repensar la Reforma, Reformar el Pensamiento*. Argentina: Nueva Visión.

Morín, E. (2002). *Educar en la Era Planetaria, el Pensamiento Complejo como Método de Aprendizaje en el Error y la Incertidumbre Humana*. Universidad de Valladolid Secretariado de Publicación e Intercambio.

Nicolescu, B. (1996) *Manifiesto de la Transdisciplinariedad*. Paris. Francia.

Oraá, A., y Martínez, G. (2014) *Hermenéusis Sobre el Currículo Actual del Sistema Universitario Venezolano en el Marco de la Misión Alma Mater*. http://revista.upel.edu.ve/index.php/dialogica.

Pascal, G. (2010). Pensamiento Complejo y Creatividad. *Ecoformadora. Innovación y Creatividad*. Barcelona.

Pascal, G. *Estrategias Dialógico- Reflexivas para la Eco-Formación. 2da Parte* www.ceuarkos.com/visión_docente/index.htm.

Universidad Nacional Experimental Rómulo Gallegos (2006). *Normas para la Elaboración y Aprobación de Trabajos Técnicos, Trabajos*

*Especiales de Grado, Trabajos de Grado y Tesis Doctorales.*. San Juan de los Morros, estado Guárico.

Rodríguez, R. (1997). *Del Universo al Ser Humano. Hacia una Concepción Planetaria para el Siglo XXI.* España: Mc. Graw-Hill.

Santa Palella, S. (2006). *Metodología de la Investigación Cuantitativa.* FEDUPEL. Venezuela.

Torre, S., y Sanz, G. (2007). *Transdisciplinariedad y Ecoformación una Nueva Mirada Sobre la Educación.* Madrid: Universitas.

Ugarte, L. (1997). *Educación y Producción de la Venezuela Necesaria.* Universidad Católica Andrés Bello. Venezuela.

UNESCO (1984). *La Educación Encierra un Tesoro.* España: Santillana.

Vacca, L. (2003). *Estrategias y Recursos Audiovisuales.* Editado Coordinación de Publicaciones del Rectorado Universidad de Oriente. Venezuela.

Veliz, A. (2011). *Proyectos Comunitarios e Investigación Cualitativa.* Dirección de Artes Gráficas del M.P.P.D. Venezuela.

Wilson, J. y Cowel, B. (1998). *Diálogos Sobre la Educación Moral.* Bilbao: Desclee de Brourmer S.A.

Zúñiga, V. (2008). *Deserción estudiantil en el nivel superior. Causas y soluciones,* México: Trillas.